何より教師が変わる
保護者が変わる
子どもが変わる

特別支援教育の工夫と実践

― インクルーシブ教育システムの推進のために ―

編著者　後上　鐵夫

　　　　小林　倫代

はじめに

　平成から令和に変わり、世の中のムードも何となく変化してきている。

　教育の世界でも、特別なニーズのある子どもたちに関わる教育理念や教育環境はここ数年めまぐるしく変化している。特に近年、国際的な動きとして「インクルーシブ教育」が取りざたされ、文部科学省も教育の方向性として『インクルーシブ教育』の方向に舵を取ると公表し、インクルーシブ教育システムの推進に力を入れている。インクルーシブ教育とは、全ての子どもに対して、子ども一人ひとりの教育的ニーズにあった適切な教育的支援を、「通常の学級において」行う教育であり、今までの授業や学級経営の中で、障害のある子どもが困らないようにすることだけを考えるのでなく、「誰もが違うこと」を前提とした教育の在り方そのものを考えることだとされている。

　この教育理念は素晴らしいものであるが、今の我が国において実現が可能なのだろうか。この教育理念を現実化するには、何が必要なのだろうか。この疑問が教育研究を主務とする私を駆り立ててきた研究動機である。

　地域の小・中学校教員と話し合うと、理念として分からないではないが、「一人ひとりの教育的ニーズに見合った支援指導なんて一斉授業の中でできないよ」「障害のことについてよく分からない」「その子にだけ担任がつきっきりになることは不可能」等、戸惑いの声も聞こえてくる。

　この教育理念に少しでも近づくには、全ての教員の理解、教育力を高める以外にはない。その思いで意のある仲間が集い、研究・実践を立ち上げた。年に何度となく、協議のために集い、実践を積み上げてきた。

　時代が『平成』から『令和』に変わることを一つの節目に、これまでの思いを整理するとともに、その実践知を世に報告しよう。地域の教育力向上という視点で、これまでの実践を考え直すとどんな課題があり、それに対する手立てを講じると先の担任教師の戸惑いを少しでも解決する方法にならないかを書き留めようと、意のある仲間で本書を企画した。

　執筆者全員の思いである「インクルーシブ教育システムがより推進され、全ての子どもたちが分け隔てなく生活し、当たり前の教育が地域で受けられ、自立と社会参加ができ、共生社会が実現する」ことを願って、本書を刊行する。

令和元年5月

編著者　　後上　鐵夫

もくじ

はじめに …………………………………………………………………………3

第一部　特別支援教育の基本的な考え方

第1章　インクルーシブ教育システムとは …………………………7
1　インクルーシブ教育システム構築に向けた考え方 ……………………8
2　特別支援教育の展開 ……………………………………………………10

第2章　子どもの実態把握と保護者との協働 ……………………13
1　困っている子どもや保護者 ……………………………………………14
2　合理的配慮と保護者との合意形成 ……………………………………23

第3章　子どもの多様性を理解するために ………………………31
1　教育現場の現状と課題解決に向けて …………………………………32
2　特別支援学校に期待される二つの役割 ………………………………40
3　「共に学ぶ場の提供」から「交流及び共同学習」へ ………………47
4　アセスメントの解釈と教育への活用 …………………………………51
5　落ち着いた過ごしやすい教室環境を考える …………………………65
6　分かりやすい授業づくりを考える ……………………………………70

第4章　教育相談と学校や家庭への支援のあり方 ………………83
1　障害のある子どもを育てる親への関わり ……………………………84
2　学校における支援 ………………………………………………………87

第二部　具体的支援の実際

第5章　巡回相談を通した学校と担任への支援 …………………91
1. 巡回相談を進めていくポイント …………………………………92
2. 校内での共通理解が進んだ学校の事例 ……………………………100

第6章　センター的機能を活用した地域支援の実際 ……………105
1. 特別支援教育コーディネーターの組織的育成
　～校内支援体制の構築～　……………………………………………106
2. 特別支援学校の実践を活かして小学校と授業づくりを共に行う ……114
3. 「個別の教育支援計画」の作成・活用を通した地域・学校の
　教育力向上をめざして　………………………………………………124

第7章　交流及び共同学習を活用した地域支援の実際 …………135
1. 居住地校における交流及び共同学習の取組　…………………136
2. 小学校における支援学級と交流学級との交流及び
　共同学習について　……………………………………………147
3. 確かな学びの獲得をめざした交流及び共同学習の取組　…………154

第8章　年齢別・状態別支援の方法 ………………………………163
1. 幼児期　……………………………………………………………164
2. 小学校期～愛着障害等を中心に～　……………………………172
3. 中学校期　…………………………………………………………187
4. 高等学校期～高等学校における個別指導の可能性の検討～　…………196

資料編 ……………………………………………………………………205
　・サラマンカ宣言　概要 ……………………………………………206
　・共生社会の形成に向けたインクルーシブ教育システム構築の
　　ための特別支援教育の推進（報告）　概要 …………………………208
　・「国際生活機能分類―国際障害分類改訂版―」（日本語）……………214
　・障害者の権利に関する条約（略称　障害者権利条約）
　　日本政府公定訳 ………………………………………………………217

おわりに ………………………………………………………………………219

第1章 インクルーシブ教育システムとは

1 インクルーシブ教育システム構築に向けた考え方

　1993（平成5）年に、国際連合総会において、障害のある人がそれぞれの社会の市民として、その他の人々と同じ権利と義務を行使できることを確保することを目的として、「障害者の機会均等化に関する標準規則」が採択された。翌年には「特別なニーズ教育に関する世界会議」において、障害のある子どもを含めた万人のための学校を提唱した「サラマンカ宣言」（資料編参照）が採択された。これらの世界的な動きは、日本の教育にも大きな影響を与え、中央教育審議会の答申、国内の法整備などが行われ、障害者の権利に関する条約（以下、障害者権利条約とする）が批准された。

　現在、我が国では、障害者権利条約を踏まえ、共生社会の形成に向け、学校教育においてはインクルーシブ教育システムの考え方を基に、その構築のために特別支援教育を推進していくこととしている。

　障害者権利条約第24条では、インクルーシブ教育システムについて、次のように考えられている。

＜インクルーシブ教育システムの目的＞
・人間の多様性の尊重等の強化
・障害者が精神的及び身体的な能力等を可能な最大限度まで発達させる
・自由な社会に効果的に参加することを可能とする

＜上記の目的を実現するために必要とされること＞
・障害のある者と障害のない者が共に学ぶ仕組みがあること
・障害のある者が一般的な教育制度から排除されないこと
・生活する地域において初等中等教育の機会が与えられること
・個人に必要な合理的配慮が提供されること

　この内容を受けて、中央教育審議会では、「インクルーシブ教育システムにおいては、同じ場で共に学ぶことを追求するとともに、個別の教育的ニーズのあ

る幼児児童生徒に対して、自立と社会参加を見据えて、その時点で教育的ニーズに最も的確に応える指導を提供できる、多様で柔軟な仕組みを整備することが重要である。」としている。小・中学校における通常の学級、通級による指導、特別支援学級、そして特別支援学校は、子どもにとっての「多様な学びの場」であり、それぞれの場では、個々の教育的ニーズに対応し、連続性を持って教育を行えるようにすることが求められている。

　また、障害者権利条約において合理的配慮とは「障害者が他の者との平等を基礎として全ての人権及び基本的自由を享受し、又は行使することを確保するための必要かつ適当な変更及び調整であって、特定の場合において必要とされるもの」と明示されている。このことを学校教育において考えてみると、障害のある児童生徒にとって、障害のない児童生徒と共に学び生活する際には必要な配慮（支援）を受けることができる、ということになる。

　2012（平成24）年に中央教育審議会でまとめられた「共生社会の形成に向けたインクルーシブ教育システムの構築のための特別支援教育の推進（報告）」では、学校における合理的配慮として3観点11項目を挙げている。3観点とは、「教育内容・方法」「支援体制」「施設・設備」であり、例えば、「教育内容・方法」という観点においては、「学習上又は生活上の困難を改善・克服するための配慮」「情報・コミュニケーション及び教材の配慮」などの項目が例示されている。

　我が国におけるインクルーシブ教育システムでは、多様な背景や特性のある子どもたちが共に育ち、共に学ぶことを目指しつつ、一人ひとりに対する指導や支援について「システム」を機能させて実現していこうとしているのである。つまり、個別の教育的ニーズに応えるためには、現状の教育形態では、学級の規模や担当教員数や設備等から難しいと考えられる場合があり、そのため、多様な学びの場を用意し、それらの学びの場が連携を取りつつ、その子どもに適した指導や支援を進めていくという考え方である。これは、決して一般的な教育制度から排除されていることではなく、システムとして機能させていこうというものである。小・中学校における通常の学級、通級による指導、特別支援学級、特別支援学校のそれぞれが、子どもにとって最適な学びの場となり、教師は一人で障害のある子どもを指導するのではなく、その子どもに関係する人達とチームを組み、支えていくというシステムを機能させて、子どもの最大限の発達を促すことを目指している。

2 特別支援教育の展開

　特別支援教育は、障害のある子どもたちへの教育にとどまらず、多様な個人が能力を発揮しつつ、自立して社会に参加し、支え合う「共生社会」の形成の基礎となるものであり、インクルーシブ教育システム構築のために必要不可欠なものである。中央教育審議会の報告では、特別支援教育を推進していくにあたり、次の3つの考え方を示している。

> ①　障害のある子どもが、その能力や可能性を最大限に伸ばし、自立し社会参加することができるよう、医療、保健、福祉、労働等との連携を強化し、社会全体の様々な機能を活用して、十分な教育が受けられるよう、障害のある子どもの教育の充実を図ることが重要である。
> ②　障害のある子どもが、地域社会の中で積極的に活動し、その一員として豊かに生きることができるよう、地域の同世代の子どもや人々の交流等を通して、地域での生活基盤を形成することが求められている。このため、可能な限り共に学ぶことができるよう配慮することが重要である。
> ③　特別支援教育に関連して、障害者理解を推進することにより、周囲の人々が、障害のある人や子どもと共に学び合い生きる中で、公平性を確保しつつ社会の構成員としての基礎を作っていくことが重要である。次代を担う子どもに対し、学校において、これを率先して進めていくことは、インクルーシブな社会の構築につながる。

　①については、障害のある子どもの指導・支援にあたっては、学校だけで対応するのではなく、様々な関係機関と連携しつつ社会全体で指導・支援をしていこうという考え方である。子どもをシステムで支えるという考え方は、地域と連携した学校づくりを進めるためにも重要であり、地域における支援体制を整えることにつながっていくことになる。特別支援学校のセンター的機能は、このような地域の支援体制を整える上でも重要な役割を果たすのではないだろうか。
　また、子どもが関わっている様々な機関と連携・分担して子どもを支えるツー

ルとして、個別の教育支援計画がある。この計画を適切に作成し、有効に活用することが特別支援教育の推進につながるであろう。就学前に作成された個別の支援計画を引き継ぎ、適切な支援の目的や教育的支援の内容を設定し、さらには進路先に在学中の支援の目的や教育的支援の内容を伝えていくなど、就学前から就学時、そして進学先まで切れ目ない支援を生かすように計画の内容を関係機関で共有していくことが重要である。

　②については、交流及び共同学習の推進が考えられる。交流及び共同学習とは、障害のある子どもと障害のない子どもが学校教育の一環として活動を共にすることである。この活動は、相互の触れ合いを通じて豊かな人間性をはぐくむことを目的とする交流の側面と、教科等のねらいの達成を目的とする共同学習の側面があり、「交流及び共同学習」とは、両方の側面が一体としてあることを示している。交流及び共同学習は、特別支援学校と小・中学校間で実施したり、小・中学校に設置されている特別支援学級と通常の学級間で実施したりしている。特別支援学校に在籍している子どもが将来、居住地で生活することを考えると、居住地域の子どもと共に同じ場で過ごしたり、学習したりすることは、お互いを知り、理解し合うことにつながる。これはとても大切なことであり、障害のある子どもが将来、居住地で生活する際のよりよい環境を作ることにつながると期待される。

　共同学習の側面を考えると、障害のある子どもが合理的配慮を受けながら、障害のない子どもと同じ場で共に学ぶことになる。この実践を行うことで、小・中学校の教員は、これまで以上に、全ての子どもたちにとってわかりやすい授業を展開する工夫を考えることにもつながっていく。今後、障害種・学年・教科など状況の異なる様々な交流及び共同学習の実践事例を積み上げていくことが大切である。

　③では、学校教育において特別支援教育を推進していくことで、将来的には共生社会への形成が図られるとし、学校を中核としたコミュニティづくりを進め、学校教育以外の場でも障害のある人とない人との相互理解を深めていくことが重要であるとしている。新しい学習指導要領では、「社会に開かれた教育課程」として、その目指すところを社会と共有・連携しながら実現させることとしている。これを踏まえれば、特別支援学校は、地域における特別支援教育への理解啓発を積極的に行い、地域における障害者理解が深まるように活動を展開することが大切である。

【文献】
・中央教育審議会初等中等教育分科会:「共生社会の形成に向けたインクルーシブ教育システム構築のための特別支援教育の推進（報告）」平成 24 年．

第2章 子どもの実態把握と保護者との協働

1 困っている子どもや保護者

1 子どもの実態把握に関して

　特別支援教育の重要な理念の一つは、障害のある子ども一人ひとりのニーズに合った支援を行うことで、自立と社会参加を図るということにある。この理念を遂行するには、まず、子どもの実態をきちんと把握し、具体的な配慮・支援策（合理的配慮）を作成することが必要である。そこで、障害のある子どもの実態把握をどのようにすればいいのかを知ることが大切なポイントとなる。

　具体的な支援策・合理的配慮策定の基盤となる子どもの実態把握方法としては、三つの側面から把握することが必要である。

　一つ目は、子どもの発達の側面で、子どもの暦年齢の発達（その年齢の子どもの標準的な発達）とその子の現在の発達とのギャップを把握することにある。具体的には、客観的スケール（発達検査・知能検査等）の結果の読み取りから、その子の発達特性を知ることや、その子の日々の行動観察から行動特性を知ること、授業場面から子どもの読む、書く、計算する、発表する等、学習能力とその特性の評価をする。さらに保護者との話し合いの中から生育歴を聴取することや、母子手帳を拝見することで、これまでの発達に対する保護者の思いを知ることができる。

　二つ目は子どもを取り巻く環境を評価するという側面である。まず、家庭環境についての情報収集が重要である。かつて、先生の目を見て話そうとしない子やいつもおどおどした態度で、教室の隅っこに一人でいることが多い子どもがいた。そんな子どもの中には、親から過度に厳しくしつけられていて、自分の身を守るための行動とも考えられた。そこで、親と話し合い、子どもをもっと信用しよう、子どもの良さを認め誉めようと新たな関わりを提案した。だが、子どもは簡単には信用せず、一時的には試し行動をすることもあったが、現在、元気に親と語り合いながら楽しく過ごしている事例もある。

　また、クラスには暴言を吐いたり、キレる子どもが話題に上がることも多い。

　近年、愛着障害（主たる養育者との適切な愛着関係が形成できなかったことによる障害の総称）を疑う子どもがどのクラスにも１割程度在籍するといわれている。親と楽しく関わる時間が短く、母性が獲得できていないことが要因の

一つと考えられている。母性とは無条件の愛情の提供である。父性とは世の中のルールや規範を教えることで、いわば条件付きの愛情である。母性を提供するのは母親の役割と一般的には考えられていることも多い。だが、父親の中にも母性があり、父親が提供することも可能である。母性が獲得できていない子どもは、必ずしも母親や父親に課題があるわけではない。母親も父親も家庭を守り、生活を守るために、朝早くから夜遅くまで働きに出かける。その結果、疲れて家に帰り、子どもと関わるゆとりをなくしてしまったり、いらだちを子どもにぶつけてしまったりすることがあるのかもしれない。子どもの成長過程の中で、この母性と父性の獲得状況を把握することが重要である。家族の背景を知ることが、子どもの心情や行動を理解する重要な視点となる。この愛着障害を疑う子どもの行動は発達障害のある子どもの行動と類似しているともいわれている。愛着障害の場合、環境を整えることで、こうした行動特徴は消失することが多いといわれている。

　また、学校園（教室）も子どもを取り巻く重要な環境の一つである。落ち着いた教室環境をどう整備するかが、子どもの発達を支援する重要な要素である。とりわけ、担任の先生の姿勢が問われ出している。担任の先生の子どもへの接し方が、クラスの子どものモデルになっていることが多い。先生が穏やかに子どもの頑張りを見つけ褒める接し方をするとクラスの子どもも同じようにその子に接する。できないことをできるようにさせるのではなく、できることを繰り返しやらせ、認め誉めていく。できないことを何とかやらせようと叱咤激励する先生は、子どもにとってとてもつらい環境で、できることを繰り返し認め誉めてくれる先生との関係は居心地のいい環境となっていく。このことが落ち着いた教室環境を作る原点となる。

　学級が落ち着かず、支援を要する子どもにのみ個別配慮・指導をいくら行ってもうまくいかない。教室が落ち着くと、支援を要する子どもの授業参加度が高まったとの事例は数多く出されている。特に学校では、その子が生活する学級の状況により、その子の困難さが大きく変化し、活動や参加の状況は大きく左右されるといわれている。また、聞く授業が中心でなく、見る授業、分かる教材教具の提供で、「ぼくにもできた、私にも分かった」と思える楽しい授業、分かる授業となる。これが、特別支援教育で最も重視されているセルフエスティーム（自己有能感）を高める支援といえる。

　さらに、生活地域の環境も子どもを取り巻く重要な環境の一つである。近くに好きに遊べる場所（公園等）があったり、温かく見守ってくれる地域の大人

がいたりする環境は、子どもが緊張をほぐし楽しく過ごすことのできる地域環境である。同時に、保護者にとっても重要な環境でもある。保護者が一人で悩み、育児に行き詰まり感を持つのではなく、地域からの様々な支援が提供されることこそ、特別支援教育が目指す「共生社会」である。障害があろうがなかろうが、誰もが当たり前として子どもを受け止め、育てる社会を作ることがインクルーシブ教育の重要な理念である。中核都市では近年、地域の環境を改善するため町内会活動の活性化や連携を図る取組がなされたり、母親が育児を助け合ったりするための「ママ友の会」を育成したりと地域環境改善を推進している。地域の学校もPTAと協働して、地域社会での障害理解を推進させるため、障害のある方の話を聞く会、介護をしている人の体験談を聞く会、介護体験や障害疑似体験の研修会を開催するなど積極的に取り組んでいるところも多い。

　三つ目は、関連機関・専門機関からの情報を整理する側面である。

　支援を求める子どもは学校だけに通っているわけではない。多くの子どもは医療機関にかかったり、訓練機関に通ったり、放課後デイサービスを活用したりしている。こうした機関や専門家と家庭が情報を共有して支援を進めることは重要かつ必要なことである。しかし、ことは簡単な話ではない。機関や専門家は『個人情報の保護』の観点から、障害当事者や保護者の許可なく、情報を提供することはできない仕組みになっている。保護者に、正しい支援をきちんとするために、専門家同士、機関同士が情報を共有し合い、支援策を作り実践し、振り返る重要さを理解していただく話し合いが必要である。その鍵を担っているのが教師である。

　個別の教育支援計画、個別の指導計画や合理的配慮を作成するにはこうした子どもの実態を把握することが何より大切な一歩となる。

　保育所や幼稚園の先生と事例検討会を開くと、先生方が気付く子どもの気になるサインは以下のようなものがあると分かってきた。
・話しかけても目を合わさない
・面白い場面でも笑わない
・抱っこを嫌がる
・近寄ったり関わろうとしたりすると拒否する
・保育室で自分一人になっても気にしない
・あやしても喃語や声を出さない

・保育士や先生の動きを目で追わない
・友達との遊びやおもちゃとの遊びに興味を示さない　等

　小学校の先生もまた、以下のような子どもの行動やサインに気付くと、何かしら課題があるのではと考えられているようである。
・授業中、大声で話したり、私語（勝手語）を話したりが多い
・始業のベルが鳴っても、教室に入ってこなかったり、教室をうろうろしていたりしている
・着席が遅い
・常に身体の一部が動いている等、姿勢の保持ができない
・着衣や靴が乱れていても気にしない
・机の上、中、周囲やロッカーの整理ができていない
・落とし物が多い
・忘れ物、紛失物が多い　等

　確かに筆者の教育相談経験からも、こうした行動やサインを示す子どもは、時として集団生活に入りにくくなり、保護者等からの相談（主訴）となっていることが多い。しかし、教師は、子どもの問題や課題を明確にすることだけでなく、子どもに最も見合ったその後の支援方法を明確にするため、子どもを様々な角度からアセスメントする必要がある。

　教師が、子どものこのようなサインや行動に気付くと、どのような支援をする必要があるのか、そのことを明確にするため、実態把握が必要になってくる。そして、その経緯の中で、子どもをアセスメント（評価）する必要が出てくることもある。アセスメント（評価）とは子どもについての情報を様々な角度から収集し整理していくプロセスをいう。
　まず、子どもを知るために、子どものどの行動やサインを評価するのか。そして、それをなぜ、どのような方法で評価するか　を明確にしておく必要がある。
　教育の専門職にいる者ができる評価は、子どもと関わるという方法をとることである。子どもと関わる中で、
① 子どもの表現方法を観察する
② 子どもの行動を観察する
③ 子どもの人との関わり方を観察する
　そのことから、子どもの実態把握を整理することができる。

その中で、②の子どもの授業中の行動観察から、何が分かるのかを整理すると、例えば、子どもの鉛筆の握りかた、運筆の動きや書写の様子、描画している様子や出来上がった作品から、その子の巧緻運動の不器用さ、空間把握能力やイメージ力の発達を類推することができる。また、楽器の演奏や運動の様子、給食での食べ方の様子から、指先の不器用さや協調運動障害の有無を類推することができる。さらに、黒板や教科書への集中する様子、教員の指示への注意の向け方を観察することで、注意の転動性や視覚・聴覚記銘力の状態を見ることが出来る。また、子どもの表情や態度から子どもの心の問題や愛着形成、家庭環境等を類推することができる。

特別支援教育のもう一つの重要な理念が、障害のある子どもたちへの教育にとどまらず、多様なニーズがある個々人が自己の能力を発揮しつつ、自立して共に社会に参加し、支え合う『共生社会』の形成の基盤作りをしていくことである。これは、我が国の現在及び将来の社会にとって重要な意味を持つこととなる。

2　保護者への相談・支援活動について

特別支援教育にとっての重要な活動は保護者への相談・支援活動である。その相談・支援活動の意義の一つ目は、保護者が子どもの状態を正しく受け止めるための相談・支援活動である。そのためには、子どもと関わっている機関が保護者を核として組織化され、それぞれの機関が有している情報を、保護者の思いと願いに沿って共有し、子どもの成長発達の支援になるよう協議していくことが重要である。しかし、各情報は個人情報であることを常に留意し、その保護に努める義務がある事を忘れてはならない。その意味でも保護者と協働することを常に念頭に置いておく必要がある。また、現在のネットワークだけでなく、将来のネットワークを構築する意味でも、地域のリソースマップが特別支援教育コーディネーターによって作成され、社会資源の有効活用が促進されることこそ、保護者への支援活動になり、ドクターショッピング防止の上からも大切となる。

意義の二つ目は、子どもの環境を調整し育ちに即した相談・支援活動である。障害がある子、課題のある子は育ちに応じて状態像が変化する。それ故、相談・支援活動は点の相談（一回きりの相談）から線の相談（何度か繰り返して行われる相談）へと相談活動が継続される。さらに、この線の相談から面の相談（異

なった専門性のある者が合同で行う相談）へと相談・支援活動の連携へと変わっていく。いずれにしても、子育てに応じて出現する保護者の悩みやつらさに寄り添い、共感する支援者側の姿勢が問われる。また、子どもや保護者にとっても分かりやすい環境、いわゆる応答的環境の育成が大切になる。応答的環境とは、子どもが投げかけてきた言葉や行動に保護者や大人が愛情込めて返答することで、子どもの自己有能感の獲得や愛着関係の形成に欠かせないものである。

意義の三つ目が、保護者のニーズに応じた相談・支援活動である。特に母親の思いや不安に寄り添う活動が求められる。ここでは、家族の中での「母親」を支援し、母親を家族や親族から孤立させない相談・支援活動が大切である。

意義の四つ目が、子どもに関する情報センターとしての支援活動である。子どもの発達課題や障害についての正しい科学的情報や医療、福祉、教育、就労等に関するさまざまな情報を相談・支援活動に有効に生かし、保護者の障害理解に寄与することが求められている。

意義の五つ目が、保護者のセルフエスティーム（自己有能感）を高める相談・支援活動である。保護者のセルフエスティームが下がると、育児が辛くなり、時には子どもの成長を諦めてしまうことにつながってしまう。自分の不安や辛さを分かってくれる人や気持ちに寄り添ってくれる人に出会うともう一度頑張ろうと気持ちを切り替えることにつながるといわれている。

相談・支援活動とは、子どものこれからの生涯を見通したうえで、現在の発達の程度や障害の状態に応じて、必要な支援・援助を行う幅広い活動をさすものである。障害にまつわる課題の改善や解決に関することでは、環境調整、学習面や生活面での配慮や工夫、障害そのものへのアプローチ等が考えられる。特に、「情緒的なサポート」「情報的なサポート」「評価的なサポート」「道具的なサポート」の４つの側面からの支援が必要となる。

「情緒的なサポート」では、①保護者の不安に寄り添うことが重要で、そのために保護者の話を傾聴（気持ちを受け止める）し、保護者のこれまでの育児での頑張りを認め、その全ての思いをしっかり受け止めること（受容）が求められる。こうあるべきではないのかというような指導をするべきではない。②支援者が一方的に提案するのではなく、保護者と共に考え、支援策や対応策を共有することが保護者の安心につながる。自分の弱さや不安だけでなく、今までの努力や成果を認められ、共に伴走してくれる専門家に出会うことで、自己解決能力の発揮につながり、目標に向かって進むことが可能となる。こうした活

動を「保護者と協働」するという。③保護者への支援は担任教師ひとりでなく、学校園全体で保護者を支える体制づくりが重要で有り、さらに、スクールカウンセラーやケースワーカー等、専門家との連携がとれる体制を作ることが望まれる。

　「情報的なサポート」では、①発達障害や知的障害、愛着障害等、学級に在籍する障害がある子どもに関する最新の科学的情報を提供すること。②近隣にどのような専門機関や専門家がおり、どのようなシステムで相談に乗ってもらえるかの情報を提供する。このような「地域リソースマップ」の作成が重要である。③文部科学省、中央教育審議会等の動きに常に関心を持ち、インクルーシブ教育システムの動きに敏感になる。このことが現在の特別支援教育に関する最新情報を得ることになり、保護者への情報の提供につながる。

　「評価的なサポート」では、①生理学的評価や機能・運動学的評価を知るために専門機関を紹介する。②子どもの発達等についての評価をするために、教師自らが子どもの行動観察等を行ってアセスメントしていく。

　「道具的なサポート」では、相談担当者が本人や保護者（クライアント）に物品、労力、時間、環境調整による助力を提供することをいう。合理的配慮との関連が深く、生活のしやすさを促進することにつながる。聞こえに課題がある子どもに補聴器を提供したり、見えにくい子どもに単眼鏡や拡大鏡を提供すること、板書を写すことが困難がある子どもには、タブレット端末で写して机上においてやったり、辞書は文字が小さく、さがせない子どもには、電子辞書を提供したり、周囲の音に敏感な子どもには、イヤマフを提供したりすること等が道具的サポートの例である。

　保護者との面談で考慮すべき点は、保護者の抱いている緊張や不安を軽減するために、保護者が安全かつ安心して自由に話のできる環境（部屋）を準備することが必要となる。また、教育相談等を実施する折、面談担当者に求められる姿勢がカウンセリング・マインドである。担当教員はカウンセリング研修会等でこうした技能の研修をしておく必要がある。カウンセリング・マインドとは、
　傾聴：相談者が語るところを**じっくりと聴く**態度
　共感：相談者が感じているように**共に感じる**態度
　受容：これまでの頑張りを**肯定的に認める**態度
の３つの態度を相談者に示すことが重要とされている。こうした面談をした結果、保護者は自分の弱さや不安だけでなく、これまでの自分の努力や頑張りを

じっくり聴いてもらえたことや頑張りを認められたことで、自分でもう一度考え、自分で解決しようとする方法（自己解決能力）の発揮につながり、目標に向かって進むことが可能となった事例がたくさん報告されている。

　保護者とのつきあいは、問題があったときだけ連絡するのではなく、進歩したこと、成長したことも日常的に伝えることが大切である。また、連絡帳・学級通信・学年便りなど事務的な連絡だけでなく、子どもの姿を記し、教師の思いや心を伝える工夫も重要な点である。学習について話題にするときは、具体的な資料を用意し、保護者に「よい点・悪い点」がよく分かるように工夫したり、また保護者が何をすればよいかが理解できるようにしたり、具体的に提案する必要がある。話すことに抵抗のある保護者には、小さな用紙に「話したいこと・聞きたいこと」を書いてもらい、それを基に懇談するのも工夫のひとつかもしれない。さらに、「大事なこと」については、電話でなく、必ず訪ねて対話することも忘れてはならないことである。
　だが、保護者の中には、保護者自身が、統合失調症、躁うつ病、発達障害等様々な病気や障害に悩み、苦しんでおられる場合もあるかもしれない。保護者に支援が必要な場合である。このようなときでも、担任の関わりは保護者や家庭の状態を知ったうえで、保護者との面談を行うべきである。そして、保護者の言動を否定しない、責めないを原則に、保護者と一緒に考え、シンプルに伝えること、迷ったり困ったりしたら、一人で抱えこまないことを伝えるのが大切なポイントである。

　相談・支援活動は何のために行うのか。支援はできないことをできるようにさせることが主眼ではなく、たとえ、他者の力を借りてでも、今より子どもや保護者が生活しやすくなるように支援をするのが本来の姿である。そのために、個別の教育支援計画を策定し、保護者と支援策（合理的配慮）を合意形成する。そしてそれによる支援を受けることで、不要な緊張感を持たなくても良くなり、子どもは学校生活や家庭生活がしやすくなる。特に考慮するべきことは可能な限り関係者が情報を共有し、セルフエスティーム（自己有能感）を高めるために、できないことよりできることを促し、「ぼくってできるかも」と思える環境を育てる。また、支援を必要としている子どもに関わる大人の態度が周囲の子どもの理解や関わりを変化させ、障害理解授業を充実することで、仲間としての意識が育ち、さりげない支援が当たり前のように行われ、共に生活する社会を育

成する基盤となる。

　特別支援教育で求められる支援（子どもに関わる様々な問題の発生を予防し、子どもの発達を支援すること）は、次の3つである。

　一つ目は、「自己発見への支援」である。これは、自分のやりたいこと、できることを見つける支援で、将来のキャリア教育（自己選択権の獲得）につながるといわれている。

　二つ目は、「スキル学習への支援」である。学級や社会で生活するためのルール等を知り、その中で自己主張する方法等を具体的に学習する支援である。いわゆるソーシャルスキル教育の実施である。

　三つ目は、「セルフエスティーム（自己有能感）を高める支援」である。子どもや保護者が自分の人生を肯定的に評価できるようにする支援で、それには子どもや保護者の思いや行動が、認められ褒められる経験を常態化することで実現できるものである。

　このように整理していくと、本当に困っているのは、教師だけではなく、子どもや保護者なのだ、と考えられる。この理解の基に、子どもや保護者の気持ちにどう寄り添い、理解するかが支援に大きく関わってくるといえる。教師はさらにインクルージョンの理念に向けて、共生社会の構築と、子どもの自立と社会参加に向けた対応を常に考え、模索することが最も重要な点である。

【文献】
・後上鐵夫・小林倫代他：「はじめての教育相談―障害のある子どもの教育相談マニュアル」ジアース教育新社　2010年．
・後上鐵夫・小林倫代他：「地域を支える教育相談―教育相談者の役割」ジアース教育新社　2010年．
・後上鐵夫・小林倫代他：「学校コンサルテーションを進めるためのガイドブック―コンサルタント必携」ジアース教育新社　2007年．
・後上鐵夫・大崎博史編：「学校コンサルテーション ケースブック―実践事例から学ぶ」ジアース教育新社　2007年．

2 合理的配慮と保護者との合意形成

　合理的配慮とは、障害者の権利に関する条約（通称　障害者権利条約）に、障害のある人が障害のない人と平等にすべての人権及び基本的自由を享受し行使できるよう、一人ひとりの特性や場面に応じて発生する障害・困難さを取り除くための必要かつ適当な個別の調整や変更であって、特定の場合において必要とされるものであり、かつ、均衡を失した又は過度の負担を課さないものと定義されている。この条約は、2006（平成 18）年 12 月に国連総会で採択され、我が国は 2013（平成 25）年 12 月に国会で承認され、2014（平成 26）年 1 月 20 日に批准し、同年 2 月 19 日に効力が発効された。

　また、合理的配慮は、1990 年の「障害のあるアメリカ人法」（Americans with Disabilities Act：ADA）で一躍有名になった概念で、障害のある人は、環境整備や個別な配慮等がないと能力自体を発揮できない場合もあり、能力を評価する前提として、必要な配慮を行うのは社会的責務であると表現されてきた。合理的配慮の基礎となるのが環境の整備であり、これを「基礎的環境整備」という。学校等では障害のある子どもの状況に応じ「合理的配慮」を提供する。基礎的環境整備を進めるに当たって、ユニバーサルデザインの考え方も考慮して進めることが重要で、その例として、「バリアフリー、ユニバーサルデザインの観点を踏まえた障害の状態に応じた適切な施設整備」「一人ひとりの状態に応じた教材等の配慮（デジタル教材・ICT 機器等の活用）」などが考えられている。

　文部科学省は、合理的配慮についての観点を提示している。その観点は、

教育内容
　　合理①-1-1　学習上又は生活上の困難を改善・克服するための配慮
　　合理①-1-2　学習内容の変更・調整

教育方法
　　合理①-2-1　情報・コミュニケーション及び教材の配慮
　　合理①-2-2　学習機会や体験の確保
　　合理①-2-3　心理面・健康面の配慮

支援体制
　　合理②-1　専門性のある指導体制の整備

合理②-2　　幼児児童生徒、教職員、保護者、地域の理解啓発を図るための
　　　　　　　　配慮
　　合理②-3　　災害時等の支援体制の整備
施設・設備
　　合理③-1　　校内環境のバリアフリー化
　　合理③-2　　発達、障害の状態及び特性等に応じた指導ができる施設・設備
　　　　　　　　の配慮
　　合理③-3　　災害時等への対応に必要な施設・設備の配慮
である。
　学校園等は、障害のある子どもの状況に応じ、上記の4つの側面・11の観点から「合理的配慮」を策定し、提供することになっている。
　「合理的配慮」をするには
① 子どもの実態の把握を明確に整理することから始まる（この整理の観点は第2章 1 を参照）。
② 障害当事者や保護者の意見や願いを受け止め、当事者に必要かつ適切な個別の配慮を策定し、保護者等との合意形成を核に実施する。
③ 学校園全体で支援できるよう全教職員で情報共有する。そのために、特別支援教育コーディネーターは校園長と相談協議の上、校園内委員会を開催し、具体的支援策を決定し、議事録を作成すること。校園内委員会は定期開催が原則で、経緯や改善点等も話し合われることが必要である。また、クラス担任ひとりに困難さをゆだねるのではなく、学校全体で支援することが重要で、そのために校園内委員会で話し合われたことは職員会議等で周知徹底される必要がある。それゆえ、当該幼児児童の個人情報は全体に知れ渡る可能性もある。全教職員は個人情報の保護意識を向上させ、校外での子どもに関わる話をすることは雑談といえども厳禁である。
④ 当該幼児児童への取組だけでなく、クラス作り、仲間作りが重要で、このことが環境整備の一つになってくる。
⑤ 学校の設置者及び学校に対して、体制面、財政面において、均衡を失した又は過度の負担を課さない。
⑥ 保護者と協議して、実現可能なことからスタートしていくことが重要である。

「基礎的環境整備」とは、この「合理的配慮」の基礎となるもので、障害のある子どもに対する支援について、法令に基づき又は財政措置等により、例えば、国は全国規模で、都道府県は各都道府県内で、市町村は各市町村内で、それぞれに行う教育環境の整備のことである。「合理的配慮」は「基礎的環境整備」を基に個別に決定されるもので、それぞれの学校で「基礎的環境整備」の状況により提供される「合理的配慮」も異なってくる。
　文部科学省が提示した基礎的環境整備の観点は
　基礎①　ネットワークの形成・連続性のある多様な教育の学びの活用
　基礎②　専門性のある指導体制の確保
　基礎③　個別の教育支援計画や個別の指導計画の作成等による指導
　基礎④　教材の確保
　基礎⑤　施設設備の確保
　基礎⑥　専門性のある教員、支援員等の人的配置
　基礎⑦　個に応じた指導や学びの場の設定等による特別な指導
　基礎⑧　交流及び共同学習の推進
である。
　各観点について考えると、
　基礎①の観点でいう「ネットワークの形成」とは、子どもが関わっている全ての機関が子どもの支援策を共有するシステムを作ることである。その折の留意点として、ネットワークリーダーはどの機関の誰がなるか。個人情報の保護を明確にしつつ、支援を共有するため保護者との協働をどうするか。今後、子どもの発達に必要となるネットワークをどう構築するか、等を常に考えておく必要がある。また、「連続性のある多様な教育の場」に関しては、インクルーシブ教育システムを考えるとき、同じ場で共に学ぶことを追求するとともに、個別の教育的ニーズのある子どもに対して、自立と社会参加を見据えた、その時点での教育的ニーズに、最も的確に応える指導を提供できる多様で柔軟な仕組みを整備することである。そのため、小・中学校における通常の学級、通級による指導、特別支援学級、特別支援学校といった連続性のある「多様な学びの場」を用意しておくことが求められている。
　基礎②の観点でいう「専門性のある指導体制の確保」とは、子どもが居住する学校や地域にどのような専門性のある相談・指導体制が有り、そのどれを活用することが、子どもの自立と社会参加につながるかを検討することである。また今後の検討すべき課題として、一つの機関で子どもを育て対応するのでは

なく、地域の全ての機関が子育てに関与する「スクールクラスター制度」(医療、訓練機関、教育相談機関（大学等専門的支援機関）、小・中・高等学校等の教育機関、福祉機関、行政機関（子育て支援機関）が一堂に会して一人の子どもの支援策を検討し策定するシステム）の構築を考え活用することが求められている。

　基礎③の観点では、現在、特別支援学校、特別支援学級、通級による指導に在籍する子どもには、個別の教育支援計画・指導計画の作成・活用が義務づけられている。しかし、市町村で統一したフォーマットが作成されているのか。作成は、特別支援教育コーディネーター・担任・学年教師集団が基本的に合議して作成に当たることになっているが、作成に対する研修会等が実施されているのか。作成された個別の教育支援計画・指導計画はどのように活用すればいいのか全教職員に周知されているのか。保護者とどう共有され、保護者の願いが反映されているのか等々、曖昧なままになっている場合もある。

　基礎④の観点では、分かる授業・楽しい授業をするために、授業のユニバーサルデザイン化を推進することがすでに各地で実践されている。ユニバーサルデザイン授業とは、例えば、言葉を話して聞くことが中心になる授業ではなく、誰もが理解しやすいように、授業に参加しやすいように、視覚に訴えた支援を重視した教材を作成するなど、全ての子どもが分かる授業を作ることである。具体的に、絵カード、写真カード、文字カード、スライドや短編映画等を活用した教材を作成して授業を行うことになる。しかし、このことが教師のすべきことと分かっていても、毎時間こうした視覚支援を重視した授業計画や教材を作成していたら、教師の負担は計り知れない。学校全体でこの問題にどう取り組めばいいのか。一つのアイデアではあるが、全ての学年で、学年集団として、教師が各単元を分担して授業計画や教材を作成する方法である。例えば、4月に実施する単元は1組の担任が授業計画・教材を作る。5月は2組の担任が、6月は3組の担任がというように順に教材を作成する。そして、作られた教材は学年集団で検討し、全学級で使用する。このことは、教員の負担軽減だけでなく、教育の等質化を図る努力にもつながる。全学年で実施すると、次年度は前年度に作られた教材を活用すれば、教科書等に変化がない限り、一部の修正で活用が可能となる。

　基礎⑤の観点の基本は、施設・設備のバリアフリー化である。例えば、電子黒板やタブレット端末等、既設されている設備を全ての教員が活用できる学習会を開催する必要がある。これまで、各校に埋もれたままになっている機材器

具はないだろうか。関心のある教員だけが使うのではなく、分かる授業実施のために、全て教員が使いこなせる必要がある。また、それぞれの障害に応じた施設、設備の検討が求められる。例えば、校内に身体の不自由な子どもが在籍する場合、車いすやストレッチャー等の使用ができる校内のバリアフリーの確保や医療的ケアを必要とする子どものための看護師の配置、視覚に障害のある子どもには、拡大鏡や眩しさへの配慮、十分な光源の確保、廊下に物を置かないなど障害物を取り除いた安全な環境の整備、また、発達障害のある子どもには感覚過敏さへの配慮やクールダウンするための小部屋等の確保などが検討されたり、障害の状態に応じた給食が提供されたりすること等も必要である。

　基礎⑥の観点である「専門性のある教員、支援員等の人的配置」についてはその多くは教育委員会、管理職の課題である。クラス担任ひとりに指導の困難さを押し付けない。全校で支援する校内体制を作ることや学生ボランティア等の活用を推進することなどが求められている。また、校内にいる様々な専門家の活用を推進することも検討課題である。例えば、音楽の先生の中には音楽療法や音楽を活用したリラクゼーションへの支援ができる先生がいる場合もある。体育の先生の中には巧緻運動の不器用さへの支援ができる先生は多い。美術の先生は子どもたちが自己表現することへの支援で達成感を感じさせる力量のある先生が多い。こうした専門性を特別支援教育に活用することが重要である。

　基礎⑦の観点では、子どもの様々な状態に対応できる指導の場が求められる。
　例えば、クールダウンの場として活用できる教室を設置したり、空き教室に、個別学習を行う学習ルームを設置したりしている。学習ルームでは、学習に集中できるよう仕切り板を設置したり、座っても様々な活動ができるよう畳スペースを設けたりしている。また、特別な指導として、子どもの自立と社会参加を促進するため、特別支援学級の担任が自立活動の指導を行ったり、通級指導教室の担任が、自己表現を図る言語指導やソーシャル・スキル・トレーニングを行ったりしている。

　基礎⑧の観点では、単に障害のない子どもと共に学ぶ場を提供するのが目的ではなく、何が共に学べるのかを重視した交流及び共同学習が推進される必要がある。

以上の観点から、教室における合理的配慮や具体的支援例として、
　① コントラストの小さい文字を判別しにくい子どもには、黒板をホワイトボードにして、太めの水性マジックで教師が見やすい文字を書く。ただし、ホ

ワイトボードに日光が反射すると、眩しさのため見にくさが増すので、教室のカーテンを必ず閉める配慮が必要。
② 視覚過敏があり、注意が散漫になる子どもには、掲示物の整理、特に黒板の前面には掲示物を張らない。教室の整理整頓をする。教師の机の真ん前には座らせない。教師の机上にある様々なものに目移りして落ち着かなくなる。
③ 板書を写すことが困難な子どもの場合、教師がデジカメやタブレット端末で黒板を映し、それを子どもの机の上に置き、写しやすくする。
④ 辞書は文字が小さく、さがせない子どもの場合、電子辞書を使わせる。
⑤ 聞き漏らしが多い子どもの場合、ICレコーダーを活用し、授業終了後、必要な部分を再生して聞かせる。
⑥ 周囲の音に敏感な子どもの場合、ノイズキャンセリングヘッドホン（イヤーマフ）を装用させる。

等が考えられる。

　こうして策定された合理的配慮は、保護者に伝え、保護者の了解を得る必要がある。これを合意形成という。合理的配慮を策定しても、教師が保護者の了解や合意も得ず実行したとしたら、それは合理的配慮をしていると評されることはない。保護者と合意形成するためのポイントは、
① 担任である私があなたの子の「支援のキーパーソン」になるとの決意表明を保護者にすること。担任ひとりで支援をするわけではないが、キーパーソンになることで、保護者の安心感を得ることができる。
② 合理的配慮を考える際には、保護者の思いや願いが取り込まれる必要がある。それには、日頃より保護者に寄り添う努力と保護者の不安等を聞く場を設定しておく必要がある。教育相談活動の充実が求められる。例えば、母親に「今よりお母さんが楽になるには子どもにどんな力がつけばいいと思っている？」と聞いてみる。そこに親の願いとして出てきた「つけてほしい力」を共に考えて実行するという方法もある。これからの教育はICF（国際生活機能分類）を活用することが提唱されている。生活のしにくさは、周囲の人の行動や環境の整備で解決されるという社会的モデルの考え方である。
③ その上で、今年度こんな支援をしていこうと思っていると担任から提案する。担任は今の自分にできる具体的支援策をきちんと提示すること。特別支援教育コーディネーターや校内委員会等で検討され共有されている支援策であることが望ましい。

④ 保護者から、担任が提案した支援策以外にいろいろ願い事が出てきたら、検討ののち、最も必要な支援、できることを中核に親と合意形成する。支援を確実に実施することが大事で、保護者が願うからといって、できそうもないことを合意しても意味がない。保護者と合意した内容は個別の教育支援計画にきちんと記載することが大切である。もし保護者が合理的配慮をしてもらえないと委員会等に訴え出たとき、個別の教育支援計画に記載されていると、保護者と合意形成している証となる。なぜなら、個別の教育支援計画には保護者がその教育支援計画を了解したとの署名捺印を必ずもらうことになっているからである。

障害者権利条約では、合理的配慮の否定は障害を理由とした差別に当たるとその違法性を明確に指摘している。

保護者は、教師が次のような話をすると、その言葉に傷つくだけでなく、合理的配慮の否定と受け取りかねない恐れがあることに留意すべきだ。例えば、『保護者にお宅の子どもには困っています』などと話をすれば、保護者は、この子がいて迷惑と考えているのですかと想定するかもしれない。また、『お子さんのことを専門家と相談して、どうしたらいいのか聞いてみてください』といえば、保護者はもし専門家のところで障害があると診断されたら、「私には見られません」と排除され、特別支援学級に行きなさい。特別支援学校に行きなさいと言われるかもしれないと考えてしまう。これは合理的配慮のためでなく、排除されてしまうと親が感じてしまう。さらに、こんな支援をしてほしいと願い出たら、『クラスには他にも33人の子がいるんです。』という言葉は、合理的配慮はしません。できませんと言われているのと同義で、確実に合理的配慮の否定につながると考えられる。

保護者は、相談しても学校園の事情ばかり説明されるとか、学校園から連絡があっても、子どもが引き起こしたトラブルのことばかり話されると、不満を感じる親も多い。

保護者との協働の前提は、保護者の安心感につながること、一人で悩まなくていいとの伝達をすることがスタートである。保護者の話に耳を傾ける。たとえ助言はできなくとも、うなずいてしっかりと聞いてもらえたと保護者が感じたら、保護者はほっとして、もう一回頑張ってみようと感じるものである。こうした聞き方をすることが、保護者に寄り添うということである。

【文献】
・後上鐵夫:「地域支援としての学校コンサルテーションの課題」国立特別支援教育総合研究所　教育相談年報第 31 巻．
・後上鐵夫・小林倫代他:「特別支援学校におけるセンター的機能の有用性に関する研究—地域の教育力向上を図る学校コンサルテーション」大阪体育大学健康福祉学部研究報告書　平成 26 年．
・中央教育審議会初等中等教育分科会:「共生社会に向けたインクルーシブ教育システムの構築のための特別支援教育の推進（報告）」別表①〜⑪　平成 24 年．

第3章 子どもの多様性を理解するために

教育現場の現状と課題解決に向けて

1 特別支援教育の進展と現状

　義務教育段階において特別支援学校、小学校・中学校の特別支援学級、通級による指導を受けている人数は、2017（平成29）年5月現在で約41万7千人（4.2％）である。義務教育段階の全児童生徒数が毎年減少する中で、特別支援学校、特別支援学級、通級による指導を受けている児童生徒は、近年では毎年約2万人から3万人ほど増えている。さらに、通常の学級に在籍する発達障害の可能性のある特別な教育的支援を必要とする児童生徒は、6.5％程度在籍するという調査結果もある。こうした状況を踏まえると、特別支援学校・特別支援学級だけでなく、全ての学校、学級において発達障害を含めた障害のある児童生徒が在籍することを前提とした学校経営・学級経営が求められている。

　我が国では、2007（平成19）年に学校教育法が改正され、特殊教育から特別支援教育へと体制が転換された。これは、障害のある子ども一人ひとりの教育的ニーズに基づき、合理的配慮を提供しつつ教育を行うというインクルーシブ教育システムの理念を目指した制度の転換であった。ここでは、この制度の転換により小・中学校と特別支援学校で変化した現場の状況について述べる。

(1) 小・中学校の変化と現状

　法律が改正される前まで、小・中学校の教育現場では、障害のある子どもは、特別支援学級や特別支援学校で学ぶという場を分けた教育が中心であった。しかし、実際には、発達障害を含めた障害のある子どもも通常の学級で学んでいることが明らかとなり、その対応が求められるようになった。つまり、通常の学級の担任は、30〜40人の子どもの中に特別な配慮を必要とする子どももいて、その子どもへの配慮も行いつつ学級全体の指導も担っていることになったのである。そこで学校では、その子どもの指導・支援を学級担任一人で担うのではなく、学校全体でその子どもの指導や支援を進めていくことにした。つまり校内支援委員会の設置や特別支援教育コーディネーター（以下、コーディネーターと表記する）の配置である。

　現在では図1に示すように、全国の小・中学校において、校内委員会の設置

やコーディネーターの指名の状況は95%を超えている（平成29年度特別支援教育体制整備状況調査）。

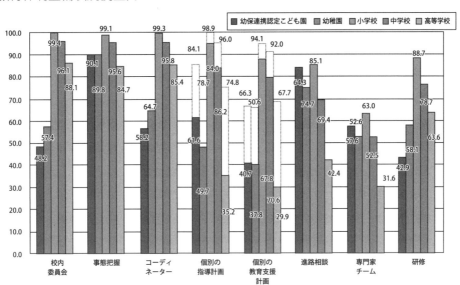

※下線のある数値（点線上部又は横に明示）は、個別の指導計画または教育支援計画の作成を必要とする、児童生徒を有する学校のみを対象とした場合の作成状況（率）を示す。

図1　学校種別・項目別実施率　全国集計グラフ（平成29年度、文部科学省）

　近年では、社会情勢の変化が子どもや家庭、地域社会の変容をもたらし、生徒指導や特別支援教育等に関わる課題が複雑かつ多様になり、それに伴い学校や教員だけでは課題を十分に解決することが難しい事案が増えてきている。そこで、「チームとしての学校」の考え方が広まり、医療、保健、福祉、労働等の専門スタッフ等と連携・分担する体制を整え、学校の機能を強化して、子どもや家庭に対応しようとしている。個別の教育支援計画を作成・実施することと同様に、障害のある子どもを学校だけでなく、関係する機関で情報共有しながら指導・支援していこうとしているのである。このように学校内・地域で、協働して、障害のある子どもを支えていこうとしている。

（2）　特別支援学校の変化と現状

　学校教育法の改正により、盲・聾・養護学校は、障害種別を超えた特別支援学校に統一された。これにより、障害の重度・重複化に適切に応じた教育の充実が図られることとなった。また、特別支援学校では、地域の特別支援教育のセンター的機能の役割を担うことになった。これは、特別支援学校に在籍する幼児児童生徒のみならず地域の幼保、小・中・高等学校などに通う発達障害を

含む障害のある子どもたちの指導について専門的な立場から支援していくというものである。これに伴い、特別支援学校には、地域の学校に出向き支援を行う地域支援部や地域の障害のある子どもの相談に対応する教育相談部というような校務分掌が位置づけられ、学校コンサルテーション等が盛んに行われるようになった。

特別支援学校のセンター的機能について、2015（平成27）年度の特別支援学校のセンター的機能の取組に関する状況調査（文部科学省）結果によると、公立の小学校からの相談件数が最も多く、全体の約5割を占めている。相談者では、通常の学級担任・特別支援学級担任・特別支援教育コーディネーターが多い。相談内容では、図2に示すように、指導・支援、実態把握、就学、進路や就職に関することが多い現状である。

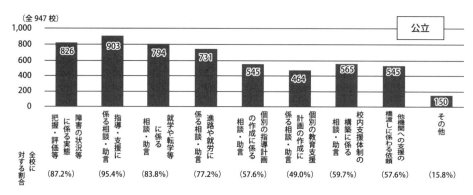

図2　公立小・中学校教員からの相談内容（平成27年）

以上のように、学校現場ではコーディネーターの配置が進み、様々な教員研修が展開され、教育的ニーズのある子どもに対して適切な支援を行うために特別支援学校のセンター的機能を活用し、特別支援教育が進められてきている。特に通常の学級に6.5％程度在籍していると言われる発達障害に関する理解に関しては、研修の実施状況からみても大いに進展したと考えられる。

2　課題とその解決に向けて考えられること

特別支援教育は、全ての学校において実施されるものであり、その仕組みがうまく機能していれば、それぞれの子どもの能力を最大限伸ばしていくことができると考えられる。ところが、実際には、特別な教育的ニーズのある子どもへの対応が学級担任だけに任せられていたり、コーディネーターが他の業務の関係で時間的な余裕がなく、学校内の支援ニーズを把握しきれていなかったり

することもある。「1　特別支援教育の進展と現状」で示したように、枠組みは整備されてきたが、それが十分機能しているかどうかは不明である。ここでは、学校現場における課題とその解決に向けて考えられることについて述べる。

(1) 特別支援教育コーディネーターと校内支援体制について

　校内委員会の運営を担当するコーディネーターの指名状況については、1で示した体制整備調査（平成29年度）において、小・中学校における役職は、特別支援学級担任が約半数を占め、次に通常の学級担任の順に多かった（図3）。

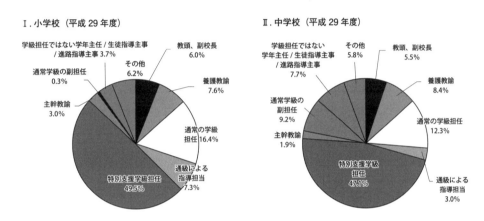

図3　特別支援教育コーディネーターの役職

　また、全国特別支援学級設置学校長協会の調査報告書（平成30年度）によれば、主任の知的障害特別支援学級での経験年数（平成31年3月現在）は、「6年以上11年未満」（小学校20.9％、中学校24.9％）が最も多く、次いで「1年」（小学校19.4％、中学校20.2％）と小・中学校ともに2極化の傾向が見られた。特別支援学級の教員が特別支援学校教員免許状を保有している割合は、30.7％（平成29年5月1日現在　文部科学省調べ）である。このように、特別支援学級の担任に関しては、経験年数、特別支援学校免許保有率、専門性などが課題といわれている。

　これらの調査結果を組み合わせて極端な例を考えてみると、初めて特別支援学級の担任となり、コーディネーターを指名される、という状況もあるのではないだろうか。コーディネーターの研修やガイドの作成などは各地で行われ、その意義や役割などの趣旨は十分に理解されているが、特別支援教育の経験が少ない特別支援学級の担任には、その任は重いであろう。このような課題に対して、コーディネーターの複数人配置や業務の軽減（担当授業のコマ数を一定

数以下にするなど)が行われている。それでもコーディネーターの業務量は多く、内容は幅広いので、その負担感はぬぐえないと考えられる。

中央教育審議会では「チームとしての学校の在り方と今後の改善方策について(答申)」(平成27年12月)の中で、特別支援教育の充実のための「チームとしての学校」の必要性を以下のように示している。

> 公立小・中学校で通級による指導を受けている児童生徒や日常的にたんの吸引や経管栄養等のいわゆる「医療的ケア」を必要とする児童生徒の数は、年々増加傾向にある。また、通常学級に在籍する児童生徒のうち、発達障害の可能性があり、特別な教育的支援を必要とする児童生徒は、約6.5%という調査結果も出ている。このような状況で、学級担任が単独で授業を行い、特別な教育的支援を必要とする児童生徒の個々の教育的ニーズに応じた適切な指導や必要な支援を全て行うことは難しい。特別な教育的支援を必要とする児童生徒を直接又は間接的に支援する職員や、高度化、複雑化した医療的ケアに対応できる看護師等を配置し、教職員がチームで、質の高い教育活動を提供していく必要がある。いずれの場合であっても、重要なことは、生徒指導上の課題や特別支援教育の充実等の課題は、限られた子供たちだけの問題ではないということである。教職員が心理や福祉、医療等の専門家等と連携して、複雑化・困難化した課題を解決することによって、学級全体、学校全体が落ち着き、大きな教育的効果につながっていることが多い。

これを踏まえると、特別支援教育の視点から提言されている小・中学校における校内支援体制の構築は、「チームとしての学校」の体制整備と共通する事柄であると考えることができる。学校や教員が心理や福祉等の専門家や専門機関と連携・分担する体制の整備をコーディネーターが中心になって推進することに伴い校内の支援体制も整備され、学校の機能を強化することになると考えられる。それが特別支援教育の充実につながっていくのではないだろうか。コーディネーターが全てを背負い込むのではなく、多くの関係者や関係機関と協働していくことで、その任務を遂行できるものと考える。

(2) センター的機能の活用について

学校教育法の改正により、特別支援学校に求められたセンター的機能は、特別支援教育の進展やインクルーシブ教育システムの構築に大きな役割を果たし

ている。

　国立特別支援教育総合研究所が肢体不自由特別支援学級設置の小・中学校を対象に調査（平成26年）した結果では、特別支援学校のセンター的機能について、全体の92.5％が知っていると答え、活用したことがある学校は、小学校で63.5％、中学校で52.9％であった。活用した内容として最も多かったのは、「肢体不自由のある子どもの理解と対応に関すること」であり、次いで「姿勢や身体の動き、運動・体育等に関すること」であった。このように、特別支援学校の専門性を活用した小・中学校における指導・支援の取組が始まっている。

　一方、1で紹介した状況調査（平成27年度）の結果では、特別支援学校におけるセンター的機能実施上の課題として、多様な障害に対応する教員の専門性を確保すること、地域の相談ニーズに応えるための人材を校内で確保することなどが、多くの特別支援学校の課題としてあがっていた。また、小・中学校におけるセンター的機能実施の課題としては、全教員が特別支援教育の重要性について理解していること、コーディネーターの専門性の向上を図ること、特別支援教育実施のための校内体制を構築することなどが課題としてあがっていた。

　上記二つの調査結果から考えられることは、次のようなことになる。特別支援学校が対象としている障害種の子どもの指導に関しては、センター的機能は有効である。しかし、小・中学校では様々な状態像を示す子どもが在籍しており、その子どもたちへの指導・支援に関する助言も求めている。対応する子どもの状態像が多様であるため、一つの特別支援学校では対応が難しい現状もあると考えられる。このような状況に対して、障害種の異なる特別支援学校が連携し合って、センター的機能を強化していくこともできるであろう。

　また、小・中学校の全教員が特別支援教育の重要性について理解を進めるには、センター的機能を活用して行う校内研修等の実施があるが、校内支援体制づくりに関しては、校内研修だけでは難しく、むしろ、小・中学校の管理職の手腕が問われていると言えよう。

　これらの取組に関しては、本章 2 、 3 で紹介している。

（3）　授業のユニバーサルデザインについて

　ユニバーサルデザインとは、年齢、性別、障害の有無等を問わず、あらゆる人々が利用しやすいようにあらかじめ設計することを意味している。この考え方を授業に当てはめたものが、授業のユニバーサルデザイン（以下、UD）である。

　通常の学級には、障害のある子どもを含む多様な教育的ニーズのある子ど

が在籍している。そこで、授業をつくる際には、学びやすい教室環境や学習環境を整え、すべての子どもがよく分かる授業をつくることが求められてくる。

日本授業UD学会が提唱しているUDとは、「特別な支援が必要な子を含めて、通常学級の全員の子が楽しく学び合い『わかる・できる』ことを目指す授業デザイン」としている。つまり、学力の優劣や障害の有無にかかわらず、授業を受けている全ての子どもが楽しく「分かる・できる」ように工夫・配慮された授業を設計することである。授業でのバリアを除く工夫としては、指導方法の工夫や教育方略の工夫が示されている。

また、アメリカにある研究機関CAST（Center for Applied Special Technology）では、多様な子どもの学びを保障する視点から学びのユニバーサルデザイン（UDL：Universal Design for Learning）を提唱している。「学びのユニバーサルデザインガイドライン」（CAST, 2014）では、多様なニーズのある子どもたちに対応するために、「取り組みのための多様な方法の提供」、「認知のための多様な方法の提供」、「行動と表出のための多様な方法の提供」の三つの基本原則を提唱している。

インクルーシブ教育システムを構築していく上では、学習面や行動面で著しい困難を示す子どもを取り出して指導したり、個別に支援したりするだけでなく、それらの子どもも含めた学級全体に対する指導をどのように行うのかを考えていくことが求められている。そのためには、誰でもが学びやすい教室環境や学習環境の中で、分かりやすい授業を受けられるようにすることが重要である。これらの取組に関しては、本章 5、6 で紹介している。

(4) 教育的ニーズのある子どもの実態把握について

子どもの教育的ニーズを把握するためには、子どもの得意なこと、苦手なことをはじめ、学習や行動の様子などの実態を適切に把握し、支援につなげていくことが重要である。1で紹介した体制整備調査（平成29年度）では、校内委員会や実態把握は、95％以上の小・中学校で行われており、実態把握の方法では、多い順に、担任、特別支援教育コーディネーター等による観察（見立て）が91％、保護者からの聞き取りが79％であった。この数字からは、子どもの実態把握を行い、その教育的ニーズを踏まえた指導を展開していると推測される。しかし、実態把握の内容が「○○ができない」という表面的な状態像にとどまり、具体的な対応について、校内委員会で検討されていない現実はないだろうか。子どもの状態像を校内で共有することは、当然必要なことではあるが、「○○が

できない」という行動を述べるだけでは、その行動への対応を見出すことは難しい。その行動の対応を考える際には、その行動が起きる背景（原因）を検討することが重要である。

　例えば、「授業中に立ち歩く」行動に対して、どの教科の、どんな場面で立ち歩いたのか、を観察し、立ち歩く要因を推測してみることが大切になる。興味のある物が見えてそばに行ってよく見たい、集中できる時間が短い、学習の内容を理解できない、注目を浴びたい等、立ち歩く要因はいくつもある。要因によって、その対応は異なるので、立ち歩く子どもがどの要因によるのかを推測し、その対応からはじめることになる。推測した要因が必ずしも正しいとは限らないので、しばらく実施しても成果が現れない場合は、関わり方を変えて子どもの様子を観察することになる。このように、子どもの状態像だけでなく、その状態像を示す背景をおさえていくことが重要になる。

　また、行動観察だけではなく、心理検査を実施して子どもの実態を把握することも必要な場合がある。発達水準や個人内差（得意な部分と不得意な部分の差）を把握して、指導や支援の手がかりを得ることができる。これらの取組に関しては、本章 4 で詳細に紹介している。

【文献】
・文部科学省：「平成29年度特別支援教育体制整備状況調査結果について」．
・文部科学省：「平成27年度の特別支援学校のセンター的機能の取組に関する状況調査結果」．
・全国特別支援学級設置学校長協会：「平成30年度調査報告書」 平成31年1月．
・国立特別支援教育総合研究所：「小・中学校に在籍する肢体不自由児の指導のための特別支援学校のセンター的機能の活用に関する研究―小・中学校側のニーズを踏まえて―研究成果報告書」 平成28年3月．
・中央教育審議会：「チームとしての学校の在り方と今後の改善方策について（答申）」平成27年12月21日．

2 特別支援学校に期待される二つの役割

　インクルーシブ教育システムを推進するため、今、特別支援学校に期待されている役割が二つある。

　その一つが、「センター的機能による地域支援活動」である。各特別支援学校では校務分掌として、地域支援部とか教育相談部という分掌名で、地域の学校からの教育相談等に応じて、子どもや保護者だけでなく、地域の学校教員への支援を行っている。

　その活動を『コンサルテーション』という。コンサルテーションを考えるとき、三つの立場があることを知っておく必要がある。

　一つ目が、「コンサルタント」の立場。この立場の人は、自らの専門性に基づいて、他の専門家を支援する者で、具体的には特別支援学校で地域支援を担当している教員等で教育・心理の専門家、医療福祉の専門家、特別支援教育コーディネーター等がこれに当たる。

　二つ目が「コンサルティ」の立場。この立場の人がコンサルテーションで具体的支援を受ける者で、地域の学校の担任、校長・教頭等教育実践者や管理職がこれに当たる。

　三つ目が「クライアント」の立場。この立場の人は、コンサルティに直接支援を求めている者で、コンサルテーションの援助対象となる者で具体的には、子どもや保護者である。

　「学校コンサルテーション」とは、学校という場面で、教育にかかわる問題について、学級担任とは異なる専門性を持つ者が、援助対象である子どもや保護者等の問題について、よりよい支援の在り方を学級担任等と話し合うプロセスを指し、困難な問題に直面しているコンサルティ（学級担任、特別支援教育コーディネーター等学校関係者）に、その問題や課題を評価・整理し、解決にむけて、コンサルティの力量を引き上げる支援を行う相談活動である。地域の教育力を高める相談活動で、全ての障害のある子どもが地域の学校で原則教育を受けるようにするインクルーシブ教育の理念を実現するためには、地域の教師の障害のある子どもに対する理解力・教育力を高めることが重要である。

　学校コンサルテーションで実施する内容は、

① 障害に関する知識の提供
② コンサルティの精神的な支え
③ 新しい支援方法の視点の提供
④ ネットワーキングの促進。これには、現に展開している状況について、できる限り迅速に対応する必要がある場合と、今後を予測しながら、予防的に対応を考えていく場合の二つがある

　学校コンサルテーションの実施に際して、最初に行うのが「情報収集」である。これは、コンサルテーションの目的にそっての必要な情報を収集することで、子どもの学習状況、発達の状況や障害の状態、学校や子どもをとりまく環境などに関する情報収集である。子どもに関する必要な情報は、運動、認知、言語・コミュニケーション、他者（大人や子ども）との関わりや社会性、自我の発達と特徴、遊びや生活面での育ち、行動面の特徴などについてである。また、学校に関する情報としては、学校規模、校内の支援体制、管理職の学校運営方針、学校の雰囲気、職員集団の雰囲気、教室や学校の物理的環境の情報収集である。コンサルティである教師については、特別支援教育を含む経験年数などを把握しておくことも必要で、こうした情報を集めることで総合的アセスメントが確立できる。また、良好なコンサルテーションを行うため、教師の教育観などについても敏感であることがコンサルタントに求められる専門性の一つである。こうした情報収集がスムーズにできるカギは、保護者との協働の有無にある。それは個人情報に関わることが多いからである。
　次に行うのが、コンサルテーション事例の理解と課題の見立てである。これは、収集された情報を分析して、分析結果を総合し、相互の関係を整理し、課題全体の整理と解釈を行う。そして、整理されたことがらと教師（コンサルティ）の課題意識（主訴）との関係を把握する。こうしたことから対応につながるコンサルティのニーズが見えてくる。見えてきたいくつかのニーズから対応のための仮説を立てる。そして、どこから着手することが、実効性が高く、有効な対応につながるかを考え、提示し、協議する。

　センター的機能の活動として、地域学校からの相談・支援依頼を受けると、学校コンサルテーションが開始する。それを進める際の留意点を整理すると、
① 学校のニーズを把握する
② 授業観察を行い、支援対象の子どもの行動特徴を把握する。授業を観察す

る時間が限られている場合が多いので、子どもの課題が出やすい場面と取組がよい場面の両方を観察することが望ましい。また、事前に子どもの特徴に関する資料等を学校から得ておくとよい。そうすることで、課題がどのような状況で起こるかを把握できると、改善すべき課題や目標を決めることが可能となる

③ 支援対象児の正しい理解と情報を整理し、提供する
④ コンサルティと子どもへの具体的な支援方法を協議する。コンサルティ（教師）の主訴から、コンサルティの解決すべき課題や問題意識を明確にする
⑤ 教師（コンサルティ）が話さなくても、その背後に対応すべき必要な問題がある場合にはそういう点を見逃さないよう留意する

学校コンサルテーションで、教師（コンサルティ）にどのような支援を実施するかをまとめると

a）教育実践への支援
b）教師間の組織化への支援
c）教師と保護者の協働への支援
d）教師と専門機関との連携への支援
e）行政への要求への支援
f）教師の力量形成への支援
g）教師の心理的安定への支援

などが考えられる。

センター的機能による地域支援活動のスタンスとして、留意することは、
① 地域の子どもや保護者、教師等のニーズに対応した相談活動を実施する
② 保護者と教師等が共に考えること
③ 子どもの実態を詳しく知ること
④ 子どもの実態に基づいた具体的な支援方法（役立つもの）を提供すること
⑤ 子どもの見方や支援方法を改善していく支援を行うこと

である。

特別支援学校担当者による地域支援活動の課題としては、
① コンサルタントとコンサルティのニーズが違っていることが多い。コンサルティ（地域の学校の担任）やクライエント（親）のニーズは、：「すぐに役立つ具体的な支援方法」が知りたいということに対し、コンサルタント（特

別支援学校担当者）は、「子どもの障害や特性を共通理解する」ことと考えているが、相談者の『すぐに役立つ』という思いを知ると安易な助言に流れてしまう自分に気付いたり、相談者自身の力を引き出す取組が遂行できていない
② 地域支援活動が地域に周知されると、相談件数が急増する事態が起こり、多種多様なニーズに対応した支援の継続ができない
③ 個人情報の保護と学校等への役立つ情報やアドバイスの提供
④ 学校等と保護者が連携していくためのサポート方法を構築する
⑤ 中学校・高等学校へと支援を広げていく
⑥ 地域のセンター校としての専門性の向上を図る

等が挙がっている。

インクルーシブ教育システムを推進するため、特別支援学校に期待されているもう一つの役割が、「交流及び共同学習」である。

特別支援教育が目指す社会が「共生社会」であり、障害の有無にかかわらず、誰もが相互に人格と個性を尊重し合え、共に生きる社会を実現することにある。そのため、障害のある人と障害のない人や地域社会の人たちが、ふれ合い、理解し、共に活動する機会を設けることが大切になってくる。この思いを早くから全ての子どもが理解できるようにするには、障害のある子どもが幼稚園、小学校、中学校、高等学校等の子どもと共に活動し、双方の子どもたちの社会性や豊かな人間性を育成することが重要なテーマとなる。その具体策が「交流及び共同学習」である。

授業時間内の「交流及び共同学習」は、その活動場所がどこであっても、在籍校の授業として位置付ける。教育課程上の位置付けや指導の目標を明確にし、適切な評価を行う。基本的には、在籍校の教員が指導を行い、あらかじめ活動のねらいや評価項目、評価方法等について、事前に十分に打合せをして、互いに共通理解を深めておくことが重要である。

このことから、「交流及び共同学習」にはもう一つの重要なねらいがあるのではないかと考えている。それは、地域の学校教員の障害のある子どもに対する理解と教育力の向上を図るというねらいである。特別支援学校の教員が、地域の学校でこれまでの様々な知識や教育の方法を地域の教員に提供することは、インクルーシブ教育システムの推進にはなくてはならない活動である。全ての子どもが地域で教育を受けることが実現できるには、障害の理解だけでなく、

これまで培ってきた特別支援学校のノウハウを地域に提供することが重要となる。

「交流及び共同学習」を展開する際のポイントを整理すると、
① 両校で「交流及び共同学習」の共通理解を確認する。とりわけ、両校の成長につながる内容等（両校の教育目標、教育効果について確認）について共通理解する。また、こうした話し合いの機会を年間計画に位置づけることが大切である。
② 両校で互いに実施しやすい組織作りを考える。どちらか一方に負担がかからないよう両校が役割分担し、交互に連絡会や全教員を対象に「交流及び共同学習」をテーマにした研修会を実施し、教員が障害や障害のある子どもについて理解を深め、子ども一人ひとりの実態も情報交換したり、障害のある子どもに分かりやすいコミュニケーション方法の工夫や活動の手順、伝え方等を企画・検討する。
③ より適切に「交流及び共同学習」を実施するため、事前学習を相互に行う。そのことにより、障害の特性やその子の個性についての理解が深まる。障害についての正しい知識は適切な支援や協力の仕方等の理解を促す。担当する教員同士が事前の打合せや情報交換等を入念に実施することで互いの理解を深めることが大切。障害のある子どもへの事前指導は、積極的な行動、支援や協力の求め方・断り方、自分の気持ちの表現の仕方の学習が必要となる。
④ 「交流及び共同学習」に対する関心を一層深めるために、事後学習が行われる必要がある。活動の様子や結果を，学級便り、学校便り等で広報したり、作文や絵を描かせて記録にまとめたりする。留意することは、よかったことを中心に振り返ることである。

また、「交流及び共同学習」を今後の実践に生かすため、具体的に実践活動やその前後の子どもの様子等メモし、評価シート等で振り返ることが有効である。
　その評価のポイントは、
① 子どもの評価側面として以下の点が考えられる
　　ａ）各教科・領域等の学習においてどのような力が身に付いたかの評価で、教育課程に沿って評価し、事前にねらいを明確にしておいたか、そのねらいに応じて、活動を具体的に評価し、各教科・領域等の学習において、どのような力を、集団が、個々人が身に付けたかを明確化する。

b）具体的活動を通して、子ども相互の理解がどのように進んだかの評価。「交流及び共同学習」の大きな目的である「共に助け支え合って生きていくことを学ぶ」ことにつながったかどうかの評価で、絵や作文等で表現されたもの、活動場面やその前後の子どもの変容、学校だけでなく、家庭や地域での子どもの様子の変化等幅広く分析することが大切である。また、子どもの行動変容をとおして、子どもたちの内面の変化にも注目する。教師としては、同じ活動の繰り返しでなく、授業や学校の取組についても評価し、活動内容や支援方法等を見直す資料とすることも大切なことである。子どもたちの実態や学校・社会の状況等に応じた活動に改善する手がかりが見つかる。

②　授業・活動の評価側面として以下の点が重要である
　　a）活動と各教科・領域等のねらいや内容が合っていたかとその結果どのような力がついたかの評価が重要である。
　　b）支援が有効に働いて、相互理解が進んだかの評価も重要である。

　これらは、事前に、両者の子どもたちにねらいをどの様に明確に伝えたかということと、特別支援学校が、実際授業や活動を行う際に障害のある子どもをどのように理解し、一人ひとりに適した指導をしているのかというノウハウを地域の学校に提供しているかが最も重要な評価側面である。子どもへの語り方、支援方法、分かりやすい授業づくり、そのための教材作成方法、こうした提供ができたかがということである。

③　各学校の取組についての評価側面として、
　　a）学校としての取り組み方が適切であったか。
　　b）学校として計画的に進めることができたか。
　　c）家庭や地域等への発信が適切であったか。
　　d）年間単位の長期的な視点で計画し、実施前と実施後の子どもたちの姿の変容を評価・確認しあうことができたか。
　　e）双方の全教職員に「やってよかった」と感じあえたかどうか。

　双方の教職員が負担感を抱いているなら、その原因を探り改善し、「交流及び共同学習」が自然で当たり前の教育活動にしていく努力が必要である。これからの「交流及び共同学習」を考えると、インクルーシブ教育の実現をめざし、地域の教育力向上に寄与する「交流及び共同学習」であるべきで、特別支援学校から地域の学校への「交流及び共同学習」だけでなく、地域の学校から特別支援学校への「交流及び共同学習」も企画されていくべきである。そのことが、

スクールクラスター制度や、共生社会の実現にもつながっていく。それには、何よりすべての教員の意識変革が最も重要な課題だと考える。

「交流及び共同学習」推進に当たって留意すべき事項は、
　（ア）計画的、組織的に継続した活動になるよう、双方の学校同士が十分に連絡を取り合うことや、指導計画に基づく内容や方法を事前に検討し、一人ひとりの実態に応じた様々な配慮点を相互確認すること
　（イ）二つの側面（交流と共同学習）を分かちがたいものとして捉え、相互の触れ合いを通じて、豊かな人間性を育むことを目的とする交流の側面と、教科等のねらいの達成を目的とする共同学習の側面を常に意識すること
　（ウ）活動内容の工夫として、学校行事やクラブ活動、自然体験活動等を合同でしたり、文通や作品の交換、情報通信ネットワークを活用したコミュニケーションを深める等の工夫や、子どもの障害の実態や地域や学校の実態に応じて、地域の様々な人々と活動を共にする機会を増やす配慮の工夫など協議すること
が必要である。

【文献】
・後上鐡夫・小林倫代他：「特別支援学校におけるセンター的機能の有用性に関する研究」大阪体育大学健康福祉学部研究報告書 平成26年．
・後上鐡夫・大久保圭子・井上和久：「特別支援学校で実施する学校コンサルテーションの課題について」大阪体育大学健康福祉学部研究紀要第11号．
・後上鐡夫・小林倫代他：「インクルーシブ教育推進に向けての具体的方策に関する実際的研究」大阪体育大学教育学部研究報告書 平成30年．

「共に学ぶ場の提供」から「交流及び共同学習」へ

　近年の障害児・者を取り巻く社会理念の変遷を見ると、まずは、**「セグリゲーション」（分離）**という理念である。これは、子どもの発達や障害の状態に応じた生活や教育をするため、「特別な場」を準備して行うことが必要であるという考え方である。教育の世界では「分離教育」という。現在では、誰もが共に学び、共に生活することをせず、障害のある子どもだけを分け隔てた場で教育するのは、障害者差別に該当するといわれている。こうした社会の考えが主流だったときに、**「ノーマライゼーション」（正常化運動）**が起こった。これは、社会的に不利を受けやすい人々（弱者）が、社会の中で他の人々と同じように生活し、活動することができる社会こそが本来あるべき社会の姿である、という考え方で、提唱者はデンマークのバンク・ミケルセンといわれている。この理念は世界に広く浸透していったといわれている。こうした世界の動きの中で、アメリカで起こったのが公民権運動で、差別され排除されていた少数者の人たちが、多数者中心の社会の在り方に異議を唱えた出来事である。この運動は全米に広がり、後のリハビリテーション法や全障害児教育法の制定につながったといわれている。そして、**「インテグレーション」（統合）**の理念が提唱された。これは、障害のある人が障害のない人と共に過ごす場を提供することが基本的に重要なこととする理念である。日本でも、教育の世界に『統合教育』として広く浸透した。これは、障害のある子に可能な限り、障害のない子どもと共に学ぶ場を提供する必要があるという考えである。1994年スペインのサラマンカで開かれたユネスコによる「特別なニーズ教育に関する世界会議」の最終報告書で**「インクルージョン」（包含）**の理念が謳われた。このいわゆる「サラマンカ宣言」は、特別支援教育を支える国際的な動向として、特に重要なものである。ここには、これからの教育の方向性を統合教育からインクルーシブ教育へ移行させることや、特別なニーズ教育を必要とする子どもたちは、そのニーズに合わせて、子どもを中心におく教育の考え方に沿った通常の学校へアクセスしていく。このようなインクルーシブな方向性を持っている通常の学校こそが、差別的な態度と闘い、すべての人々のための教育を達成するためのもっとも効果的な手段となる。インクルージョンの理念は、子どもはもともと一人ひとりユ

ニークな存在であり、一人ひとりの特性、関心、能力および学習のニーズが異なっているのが当たり前であり、これを前提として、すべての子どもを包み込む教育システム（education for all）の中で、一人ひとりの特別なニーズに応じた教育援助を考えることである。

インテグレーション（統合）は、障害のある子が可能な限り障害のない子と共に学ぶ教育の場を設定することであった。ここでの課題は、共に学ぶ教育より、現実は排除されている子どもが多い実態があるのではないかという指摘である。通常の学級に在籍していても、いじめを受けていたり、不登校傾向であったりして、学習への参加が保障されず、クラスから排除されている子どももいる。学習困難児やダンピングされている障害児も基本的に同様と考えられる。

単に就学の「場」の問題だけではない。日本でも、通常の教育に居場所を見出せず、排除されている子どもが増えているといわれている。排除しているのは、社会でも集団でもない。教師自身だという自覚を持つことが重要とも言われている。

もう一つの課題は、交流教育におけるダンピングされている障害児の存在である。近年、特別支援学級に在籍している子どもが、特別支援学級だけで教育を受けていることはほとんどない。その多くの時間は、交流学級といわれる通常の学級で授業を受けている。ある市では、ほとんどが通常学級で生活し、一日数時間だけ特別支援学級で、たとえば算数と国語のみ特別支援学級で学ぶといったことやクールダウンするときだけ特別支援学級にいくなどといったケースもあると報じられている。このように共に学ぶ「場」は提供されているが、そこにおいて、何の支援も指導も受けていない障害児の存在が問題化してきている。こうした障害のある子どもを「ダンピングされている障害児」と呼んでいる。共に学ぶ「場」が重視されるのではなく、何を一緒に学ぶのかが大切なのではないだろうか。

文部科学省も、これまで交流教育を推進してきたが、交流教育だけではなく「交流及び共同学習」を推進するよう促している。また、このタームは分離して考えるのではなく、一体化したタームとして考え、後半の共同学習に力点をおいた指導を実施するよう呼びかけている。

特別支援学校においても、保護者から希望を取り、希望した児童の居住地の学校を交流先として、先方の学校に依頼の連絡を入れ、交流を実施するという経緯で行うことが多い。そして年に数回、保護者が同伴して交流校に行くとい

う形である。このやり方では、保護者の希望が優位となり、そこで何を学ぶのかという教育的内容等が後回しになってしまいかねない。一方、交流先の地域の学校にしても、校内にたくさんの支援を必要とする子どもがいる。その上、年に数回とはいえ、特別支援学校から子どもがやってくる。これでは地域の学校の教員にとって「交流及び共同学習」は負担感が増大する行事で、結果として場の提供に終わってしまう。子どもは怪我なく、無事に一日を過ごせばいいとの思いが教員の気持ちの中に入り込んでくる。これがダンピングされている障害児の出現になっているのではなかろうか。

　今一度、自校で実施している「交流及び共同学習」を再検討し、その意義、校内のシステム、指導内容等、新たな「交流及び共同学習」を創造する必要があるのではないか（第3章 [2] 参照）。

　ここでは、新たな創造をする際のポイントについて整理する。
① インクルージョン（包含）の理念を両者がしっかり研修し、共有すること。
② 全ての子どもが通常の学校にアクセスするようにしていくということは、全ての学校の教員がこうした特別なニーズのある子どものことについて熟知していなければならない。
③ そのためにこうした教育の専門家（特別支援学校や特別支援学級の教員）から、特別なニーズに対する対応や指導のノウハウ、教材の作成、ユニバーサル・デザイン授業の在り方等を学ぶチャンスとして『交流及び共同学習』を活用する。
④ 特別支援学校では親と子どものみを交流校に行かせるということから担任教師が必ず付いていく体制を作る必要がある。しかし、そうすれば特別支援学校に残った子どもは誰が指導するのかという問題が起こる。特別支援学校の校内体制を再構築しなくてはならない。たとえば交流及び共同学習は決まった曜日に実施。その際校内に残った子どもはクラスを再編成して学習するという体制を作る。
⑤ 交流先で子どもが何を学ぶかその内容を決定し、その成果を評価するため、両者で協議できる場を設定すること。どちらか一方に負担をかけるという状態であれば長続きしない。
⑥ 学んだことを両者の全教職員が共有できる場を作ること。
⑦ また、学校間だけでなく、必ず地元教育委員会が関与すること。そうすることで、交流校以外の全ての学校でその成果や課題が共有できるよう全市挙

げての研修会等が企画できるようになる。

「交流及び共同学習」は、共に学ぶ、場を提供することを主眼に置くのではなく、そこで何を学び合えるのか、共に過ごすことで、全ての子どもが何を学び合ったのか。教科の知識を学習するということだけではなく、助け合う心、思いやる気持ち、さりげない支援の仕方、一人でできなくても手伝ってと頼める発信力等を育てることの方がある意味重要な教育とはいえないだろうか。

【文献】
・サラマンカ宣言　日本語訳．
・後上鐵夫・小林倫代他：「インクルーシブ教育推進に向けての具体的方策に関する実際的研究」　大阪体育大学教育学部研究報告書　平成30年．
・国立特別支援教育総合研究所編著：「発達障害支援グランドデザインの提案―発達障害を理解し、社会全体で支え、共に生きるために」　ジアース教育新社　平成21年．

第3章　子どもの多様性を理解するために

4 アセスメントの解釈と教育への活用

　アセスメントとは、一般的に評価、査定と言う意味で使われる。しかし、専門分野により「環境アセスメント」「製品アセスメント」など、使い方や意味内容が異なる。本節では、特別支援教育の視点からアセスメントについて述べる。以下の内容は、特別支援学校がセンター的機能として行っている一般的なアセスメントについて述べたものである。

1　アセスメントの意義と目的

　教育的ニーズのある子どもに対するアセスメントは、子どもの状態像を的確に把握し、適切な配慮やよりよい支援への指針を得ることを目的としている。アセスメントは、発達検査や知能検査などの心理査定のみを指すものではない。アセスメントはまず、子どもが何に困難を感じているのか、保護者はどのような願いも持っているのかなどの主訴を知ることから始まり、学校や相談室での子どもの観察、保護者や学校等からの聞き取りなどから情報を収集し、その上で、必要であれば保護者の了解を得て、心理検査を実施する。このように、多面的、包括的に収集した情報をもとに、子どもの発達的な課題（運動発達、言語・コミュニケーションや対人スキル・社会性の発達、情動の発達など）や、子どもを取り巻く環境（家庭環境や学びの場での環境等）を分析、整理する。そして、困難の要因や問題の背景とそれに対する支援のニーズを的確に把握し、子どもの困難を軽減するための有効な配慮・支援について探っていく。このプロセスがアセスメントである。適切なアセスメントを行うことにより、子どもの状態像や困難の要因を教師や保護者が理解し、はじめて効果的な配慮・支援が可能になると言える（図5）。

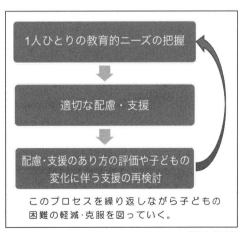

（筆者作成）

図5　アセスメントのプロセス

2 アセスメントの流れ
(1) 主訴と基本的な情報の収集
① 保護者からの情報収集

　まず、子どもが何に困っているのか、保護者がどのような点に気になっているのか、など主訴を把握する。(例えば、幼児期では言葉の遅れや多動であることなどの訴えが多い。)そして、そのような状態に対して、本人や保護者がどのように思い、どのようなニーズを持っているかを把握する。

　次に、生育歴(出生体重、初語や始歩の時期、指差し、人見知り、共同注意[1]、社会的参照[2]等)や既往歴(疾病、併存する障害、診断の有無、服薬について等)、感覚の過敏や鈍麻、療育の状況(何歳からどこで受けていたのか、集団療育、個別指導等)や教育相談歴、これまで受けてきた心理検査等の結果(全般的な発達や知能、認知特性、幼少期からの変化等)、興味・関心、地域行事への参加等を聞き取る。子どもの状態は生活環境に大きく関係することから、子どもを取り巻く家庭環境を把握しておくことも重要である。また、ケースによっては虐待や不適切な養育のリスクも考えておくことも必要である。聞き取りの過程では、保護者が話しやすいような雰囲気づくりや、傾聴する姿勢を心がけることが大切である。

② 学校園所等での状態の整理

　保育所・幼稚園や学校へのコンサルテーション等により実際に子どもを観察し、行動の状態(多動、不注意、こだわりの様子、パニック等)、集団でのあそびや学習の状態(あそびや学習に向かう姿勢、学業成績や偏り等)、運動面の状態(手足のまひ、粗大運動の状態、手指の巧緻性等)、心理面の状態(不安傾向、かっとなりやすい、情緒的安定の状態等)、人との関わり・コミュニケーションの状態(周囲の子どもとの関係、コミュニケーションの様子等)等を把握する。また、担任等からの聞き取りや、子どもが制作した作品や学習成果物(ノートや掲示物等)も貴重な情報である。

③ 心理検査の実施

　子どもの状態や聞き取りなどから、心理検査の実施が必要と考えられた場合、保護者や本人の同意を得て心理検査を実施する。心理検査からは、検査結果の数値から得られる情報のみならず、検査時の様子等の質的な情報も実態把握に重要である。例えば、着席時の姿勢、離席の頻度、注意集中の状態、こだわり、検査者との応答性、ラポールが形成しやすいか、感情抑制、ストレスに対する耐性、コミュニケーションの状態(視線が合うか、発話行為の状態、ジェスチャー、

要求や援助の求め方）等である。さらに、幼児の場合、検査に同席している保護者と子どもとのやり取りや関係性（共同注意や社会的参照がみられるか、保護者が子どもへどのように関わっているかなど）を観察することも重要である。

（2）情報の分析と整理

心理検査を実施した場合、検査結果を算出し、子どもの全般的な知的発達水準や情報処理の特性等について解釈を行う。

次に、検査結果、学校等での子どもの観察、保護者や教師からの聞き取り、心理検査場面での子どもの観察等、得られた情報を統合して子どもの全体像をとらえる。そして、得られた情報の分析結果を主訴と関連付けて、困難の状況の要因や背景を探り、それに対する配慮・支援の方向性と、家庭や学校等での具体的支援の方法を検査結果報告書にまとめる。

例えば、幼稚園等の集団活動で、落ち着いて参加できない子どもたちを見かけることがある。集団活動に参加できない要因は子ども一人ひとりによって異なる。クラスに準備されたものや先生や友だちの行動から、クラスで今、何が展開されているのか状況を理解できないため、自分が何をすべきか判断できず、うろうろしてしまうようなケースもあれば、活動に興味がなく離室してしまうケースなど、様々な要因が推定される（図6）。このように、ひとつの行動上の

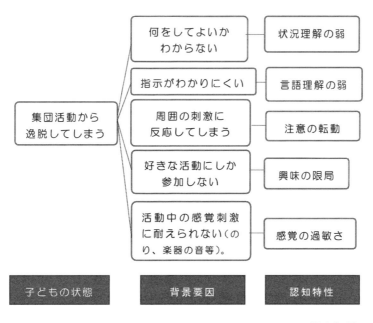

（筆者作成）
図6　気になる行動の背景の例

問題をとっても、要因はそれぞれ違う。そしてその要因を正しく把握しなければ適切な支援につながらない。

　違う例を挙げる。文字を書くことに困難を示す子どもについて考えてみると、文字と音の対応ができにくいといった音韻処理に困難があるのか、形を正確に捉えることができにくいといった視覚入力処理に困難があるのか、視覚と運動（目と手）の協応が難しく、イメージ通りに文字が書けないという不器用さにあるのか等、子どもによって困難の要因は異なる。このような例からもわかるように、適切な指導や支援、配慮につなげていくためには、困難な状態の背景要因をアセスメントにより的確に把握する必要がある。

(3) 具体的な配慮・支援の検討

　心理検査等を実施した場合、検査結果報告書を作成し、保護者に提供する。このとき、検査結果を受け止める保護者の気持ちに寄り添い、丁寧に説明することを心がける。専門用語の多用は避け、平易な言葉で伝えることも大切である。子どもの年齢や理解の程度、心理状態等に応じて、本人に説明する場合もある。心理検査の報告では、本人の認知特性としての弱い面だけではなく強い面も伝え、強みを活かし苦手な部分を補っていけるような内容であることを心がける。保護者に対しては、家庭でできるかかわりや支援の方法を伝える。本人に対しては、積極的に結果を受け止めて、今後の生活や学習への動機づけになるよう、伝え方に配慮しながら報告する。

　検査結果を保護者に伝えるとともに、学校園所等に提供することにより、子どもにかかわる保育士や教師が、保護者と情報を共有しながら支援を行うことができ、子どもの困難の軽減を図ることが期待される。もっとも、検査結果は個人情報であり、検査結果を他機関に提供する場合は、必ず保護者の同意を得なければならない。

　学校園所等では、検査結果報告書を参考にし、必要に応じ個別の指導計画・個別の教育支援計画を作成する。そして、目標と具体的な支援の内容や支援の方法を教師等が共有し支援を実施する。

(4) 配慮・支援の実施と評価

　家庭での配慮・支援の評価については、教育相談を通し、保護者と支援のあり方や子どもの変化を確認し、子どもの状態に応じたかかわりを検討する。

　学校園所では、実施した配慮・支援が適切であったか、定期的（学期毎等）

に評価を行い、個別の指導計画・個別の教育支援計画に記入し、次の学期や学年に引き継ぐ（PDCA サイクルの活用）。また必要に応じ、校内委員会やケース会議などで協議する。

3　教育の場で活用される主な心理検査
(1) 心理検査とは

アセスメントの方法のひとつに心理検査が挙げられる。心理検査とは、大辞林には「心理的特性の測定・評価を目的とする検査の総称。」とある。心理検査は主に知能や認知の発達を測定する検査と、性格や人格の特徴や発達を評価する検査とに大別できる。ここでは、前者について述べる。心理検査は客観的なデータとして子どもの発達や認知特性を理解し、支援の手立てを考えるうえで有効であるが、心理検査だけでは子どもの状態や特性を完全に理解することはできない。心理検査の限界を認識した上で、行動観察や聞き取りなど多面的に子どもを捉えていくことが大切である。

教育や発達支援の場で実施される機会の多い検査を表1～表4に示す。ここに示したものは代表的なものであり、ケースに応じ、これ以外の検査が実施されたり、これらの検査を組み合わせてテストバッテリーを組んだりすることがある。

表1　発達検査

検査名	適用年齢	方法	特徴
遠城寺式乳幼児分析的発達検査	0歳～4歳8か月	保護者からの聴取及び子どもの行動観察	運動（移動運動、手の運動）、社会性（基本的習慣、対人関係）、理解・言語（発語、言語理解）の3領域6項目について評価する。
津守・稲毛式乳幼児精神発達検査	0歳～7歳	保護者からの聴取や保護者の直接記入による	1か月～12か月、1～3歳、3～7歳の3種類に分類されている。運動、探索、社会、生活習慣、言語の5領域で構成されている。
KIDS乳幼児発達スケール	0歳～6歳	保護者・保育士などからの聴取や直接記入	運動、操作、理解言語、表出言語、概念、対子ども社会性、対成人社会性、しつけ、食事の項目がある。
DENVER Ⅱデンバー発達判定法	0歳～6歳	保護者からの聴取及び子どもの行動観察	個人・社会、微細運動・適応、言語、粗大運動の4領域について評価する。
新版K式発達検査2001	0歳～成人	個別検査	姿勢・運度、認知・適応、言語・社会の3領域について測定。発達年齢(DA)と発達指数(DQ)が算出できる。

（参考文献をもとに筆者作成）

表2　知能検査

検査名	適用年齢	方法	特徴
田中ビネー知能検査	2歳～成人	個別検査	精神年齢（MA）と生活年齢（CA）の比較によって知能指数（IQ）を算出できる。現在の田中ビネー知能検査Ⅴは思考、言語、記憶、数量、知覚、などの問題で構成されており、2歳から13歳までは精神年齢（MA）から知能指数（IQ）を算出するが14歳以上は精神年齢（MA）を算出せず偏差知能指数（DIQ）を算出する。
WIPSSI-Ⅲ	2歳6か月～7歳3か月	個別検査	ウェクスラー（Wechsler）式知能検査幼児用。就学前の子どもへのアセスメントに使われることが多い。全検査IQ、言語理解指標、知覚推理指標、語い総合得点、処理速度指標を算出することができる（年齢や実施する検査項目により算出できる指標は異なる）。
WISC-Ⅳ	5歳0か月～16歳11か月	個別検査	ウェクスラー（Wechsler）式知能検査児童用。全15の下位検査（基本検査：10、補助検査：5）で構成されている。全検査IQと言語理解、知覚推理、ワーキングメモリー、処理速度の指標得点が算出され、子どもの知的発達を多面的に把握できる。
WAIS-Ⅳ	16歳0か月～90歳11か月	個別検査	ウェクスラー（Wechsler）式知能検査成人用。全15の下位検査（基本検査：10、補助検査：5）で構成されている。全検査IQ、言語理解指標、知覚推理指標、ワーキングメモリー指標、処理速度指標が算出される。ディスクレパンシー比較、強みと弱みの判定など詳細な分析が行える。

（参考文献をもとに筆者作成）

表3　認知に関する検査

検査名	適用年齢	方法	特徴
K-ABC-Ⅱ	2歳6か月～18歳11か月	個別検査	認知能力だけでなく基礎学力を測定できる。「認知尺度」と「習得尺度」の二つの尺度から評価を行う。「認知尺度」は継次、同時、計画、学習、「習得尺度」は語彙、読み、書き、算数の下位尺度から構成されている。教育的支援に活用しやすい。
DN-CAS	5歳0か月～17歳11か月	個別検査	12の下位検査による標準実施、あるいは8つの下位検査による簡易実施に基づき、4つの認知機能領域であるプランニング、注意、同時処理、継次処理を測定する。LDやADHD、子どもの認知的偏りを捉えることができる。

（参考文献をもとに筆者作成）

表4　読み書きに関連した検査

検査名	適用年齢	方法	特徴
LDI-R 学習障害評価調査票	小学校1年～中学校3年	質問紙検査（子どもの学習状況を知る指導者等が記入。）	LD判断のためのスクリーニングツール。基礎学力、（聞く、話す、読む、書く、計算する、推論する、英語、数学）、行動、社会性の10領域で構成されている。
改訂版 標準読み書きスクリーニング検査-正確性と流暢性の評価-(STRAW-R)	小学校1年～高校3年	個別検査	音読速度を調べる速読課題や、漢字の音読年齢を算出する漢字音読課題、中学生用の漢字単語課題などがある。ひらがな、カタカナ、漢字の3種類の表記について比較できる検査であり、どの表記から練習すればよいのか、指標が得られる。
特異的発達障害診断・治療のための実践ガイドライン	指定はない	個別検査	読み書きの困難に関するチェックリストがあり、児童生徒の読み書きのどのようなポイントに着目すべきか示されている。
URSWSS Ⅱ	小学校1年～中学校3年	個別検査	読み書きの速度を評価する。速度を学年平均と比べることができる。「書き課題」と「読み課題」で構成されている。
多層指導モデル MIM	指定はない	個別検査	読みのアセスメントと指導をパッケージにしたもの。初期の読みのアセスメントと指導に適している。
CARD（包括的領域別読み能力検査）	小学校1年～6年	集団または個人で実施。	スクリーニングと支援に向けてその状態を把握することを目的としている。文の読解力についての評価を行う。

（参考文献をもとに筆者作成）

　次に、検査の中でも実施されることの多い新版K式発達検査2001とWISC-Ⅳについて、基本的な事項に絞り説明を加える。

① 新版K式発達検査2001
　対象年齢は0歳から成人までであり、何らかの支援が必要であり、支援を行ううえで発達年齢を把握する必要がある人が対象である。中でも、乳幼児健康診査で精密な検査が必要とされた子どもや、保育所・幼稚園等で集団行動に不適応を示す子ども、特別支援教育の場での状態把握が必要な子どもなどに対して実施されることが多い。検査では発達年齢（DA）を算出し精神発達の状態を表す。また、発達年齢（DA）と生活年齢（CA）の比から発達指数（DQ）を求めることができる。
　検査は、「姿勢・運動」領域、「認知・適応」領域、「言語・社会」領域で構

成されている。姿勢・運動領域は、姿勢や運動に関する能力を、認知・適応領域は、目からの情報を取り込み形を捉えたり構成したりする力・空間処理・手の操作性・視覚的な短期記憶・視覚的なボディイメージ等を、言語・社会領域は、言葉を理解する力・言葉の運用・一般社会的な事柄の理解・自分に対する理解・聴覚的短期記憶・数の理解と操作等を測っている。検査用紙は1葉〜6葉まであり、通過項目（＋）と不通過項目（−）を記録しその境目の線（プロフィール）を引くことにより、子どもの発達の状態や偏りを視覚的に捉えることができる。

　実施に当たっては、単に＋、−を判定するのではなく、子どもが課題をどのように捉えアプローチしているかなどのプロセスや検査時の行動等から発達の特徴を捉える。

② WISC-Ⅳ

　対象年齢は5歳0か月〜16歳11か月であるが、能力的に5歳相応に満たない場合、実施が難しいことに留意し、WIPSSI-Ⅲや他の検査を実施した方がよい場合もある。検査は15（基本検査10、補助検査5）の下位検査で構成され、全検査IQは、4つ指標の合成得点で構成されている。4つ指標得点は、言語理解（言語発達の状態、言語概念、言語を活用し推論する能力等を測定）、知覚推理（非言語的な情報をもとに推論する力や新規な情報に基づく課題処理能力等を測定）、ワーキングメモリー（聞いた情報を一時的に記憶にとどめ、その記憶を操作して結果を算出する力等を測定）、処理速度（視覚的情報を素早く取り込み正確に処理する能力等を測定）から成る。

　子どもの生活や学習に関連付けて考えると、言語理解指標は、指示や説明の理解、文章の読解、言語表現、コミュニケーション等に、知覚推理は図表や絵の理解、空間認知、地図の読み取り、整理整頓、新規な課題に対する問題解決等に、ワーキングメモリーは、聞くことを主体とした学習、聞きながら書くなど同時に複数のことを情報を整理しながら行うことや注意を持続させること、コミュニケーション等に、処理速度は、板書の書き取りや作業的な活動を時間内に終えることや、読み書き、注意を持続させること等の困難との関連が考えられる。

　この検査は、個人間差（同年齢集団の平均との比較）の観点からの解釈だけではなく、個人内差を分析することにより、子どもの得意不得意を知り指導・支援に活かすことができる。

4　心理検査を活用した支援の実際

(1) 特別支援学校における心理検査を活用した支援

A特別支援学校の地域支援を例に紹介する。A特別支援学校では、特別支援学校のセンター的機能における地域支援の一環として発達相談・教育相談を実施している。教育相談は０歳から高等学校卒業までの子どもやその保護者及び子どもに関わる教師等に対し、学校内に設置した相談室と学校外（市の施設）に設置したサテライトにおいて行っている。発達相談は発達が気になる乳幼児に対して、市保健センターにおいて行っている。相談は保護者等の希望により継続し、相談の過程で心理検査を実施した場合、検査の報告書の一つであるサポートプラン（後述）を作成し保護者等に提供している。

サポートプランは、保護者や学校園所からの情報、心理検査の結果、総合所見を記載した「子どもの状態について」と、集団場面での支援と個別指導や家庭などでの支援の例を具体的に示した「支援について」の２つの側面から構成されており、A4用紙３～５枚に示して提供している（図７）。医療機関等が行う検査報告書との違いは、検査結果を報告するとともに、保護者や教師等からの聞き取り、学校園所等での行動観察等の情報を統合して、教育的な側面からの支援・配慮について具体例を挙げて提案しているところにある。

検査の実施及びサポートプランの作成は、地域支援部専任の特別支援教育コーディネーターで、臨床発達心理士、学校心理士、公認心理師等の資格を有し、実施する心理検査の講習会を終了したものが行っている。心理検査は、子どもの年齢や発達の状態に応じて、新版K式発達検査2001、WISC－Ⅳ等を主として実施している。結果はサポートプランをもとに口頭においても保護者にわかりやすく説明をし、子どもが中学

年〇月〇日
保護者　様
〇〇〇〇さんのサポートプラン
A特別支援学校
（報告者名）
〇〇〇〇さんの心理検査の結果に関してご報告します。

児童生徒名：　〇〇〇〇（〇年〇月〇日生　性別）
在籍学校等：　〇〇学校
実施検査名：　〇〇〇〇
実施年月日：　〇年〇月〇日（生活年齢〇歳〇月）
実施場所　：　〇〇〇
1　主訴
…………………………………………
2　検査場面での様子
…………………………………………
…………………………………………
3　検査結果
…………………………………………
…………………………………………
4　総合所見
…………………………………………
…………………………………………
5　支援について
…………………………………………
…………………………………………

（筆者作成）

図７　サポートプランの様式

生や高校生である場合、子どもの状態に応じて本人に対してもフィードバックしている。さらに、保護者の同意を得て、その結果を対象児が所属する学校園所の保育士や教師に提供し、支援のあり方を提案している。そうすることにより、保護者と保育士や教師が子どもについてのアセスメントから得た情報を共有し、共通理解の下で支援に当たることができるのである。また、医療機関の受診に際して、必要と考えられる場合、保護者を通して検査結果を提供する場合がある。

(2) 発達特性のある子どもにアセスメントを行い支援を行った事例

サポートプランをツールとして特別支援学校、保護者、小学校が連携して支援を行った事例を紹介する。掲載にあたって、保護者の同意を得た上で、個人が特定できないように内容を一部変えている。

［基礎情報］
小学校1年生（相談開始時）　男子　通常学級在籍
［家族構成］
父、母、兄（15歳）、姉（12歳）、本児
［生育歴］　自然分娩　生下時体重　3400ｇ

歩き始めは1歳6か月を過ぎていた。2歳児歯科健診で言葉の発達の遅れを指摘されたが、2歳6か月を過ぎたころから、単語らしきものが出始めた。3歳くらいまでは時々かんしゃくをおこしたが、育てにくいほどではなかった。

［教育歴］

幼稚園では、2年間を通して、みんなと遊ぶことはなく、自由遊びではひとりでうろうろしていた。設定された保育場面では、逸脱行動はなかったが、保育士が一斉指示で説明していることが理解できなかったり聞き漏らしがあったりした。絵本はあまり好きではなかった。更衣、排泄などの日常生活動作の自立も遅かった。よく転ぶことがあった。

［主訴］

小学校1年生2学期ごろから教室から飛び出すことが頻回となり、ほとんどの授業に参加できない状態が続いていた。どうすれば、集団の中で活動することができるようになるだろうか、ということであった。

［本児の状態］（母親からの聞き取り及び小学校での行動観察）

欠席はほとんどなく、小学校入学後1学期後半までは、目立たなかった。

聞いて理解することが難しく、成績は下位の方であった。集中力や姿勢の保持も難しく、ぐにゃぐにゃと身体を動かすことがあった。一方、授業では発表

をすることが好きで、手を挙げることが多かった。当ててもらえないと怒るが、当てられても答えられないこともあった。音楽が好きで少しの間、授業に入ることができたが、音楽以外の教科では、ほとんど１時間、教室にとどまることは難しく、ふらっと出て行った。教室から飛び出したときは、養護教諭と保健室で過ごしたり、管理職や空き時間の教師と虫取りをしたり図書室で昆虫の図鑑を見て過ごしたりすることが多かった。本児がしようとしていることを制止されたり、自分の思いが通らなかったりしたときは奇声を発し、教師に対して物を投げたり机を蹴ったりするなど、行動のコントロールができなくなることがたびたびあった。

　クラスは、入学当初より、全体的に落ち着いていた。本児は他児に対しては攻撃的な行動はなく、好きな友だちに対して後ろから抱きつくなど、不適切な表現で好意を表すことがあった。クラスの子どもは、本児のことを受け入れ、待ったりゆずったりすることができるが、がまんしていることも多かった。

　家庭では、奇声や叩く・蹴るといった行動はみられなかった。宿題は、取りかかるまでにも、終わるまでにもかなり時間がかかった。母親に対してはよく甘える姿があった。

1）WISC-Ⅳの実施
① 検査時の様子

　検査は、小さな部屋で刺激の少ない場所で行った。検査者が検査の前に本児と話をすると、笑顔で自分のことや知っていることを話したが、検査者からの問いかけには応答的なやり取りができにくかった。検査では全般的に、考えてみよう、やってみようとする姿勢が見られたが、即答することが難しく、言いたい言葉を探すのに時間を要した。分からない問題では、うーうーと声を発しながら表情を曇らせることがあったが、課題ができたときは、うれしそうな表情を見せた。課題から次の課題への切り替えが難しかった。検査は座って最後まで実施できた。

② 検査結果は以下の表のようである

指　標	合成得点	パーセンタイル	信頼区間90%	記述分類
全検査	７８	７	７４〜８４	低い（境界域）〜平均の下
言語理解	８８	２１	８２〜９６	平均の下〜平均
知覚推理	７８	７	７３〜８８	低い（境界域）〜平均の下
ワーキングメモリー	７６	５	７１〜８５	低い（境界域）〜平均の下
処理速度	８６	１８	８０〜９５	平均の下〜平均

③　検査結果から考えられることと具体的な支援について

　4つの指標についてまず、言語の理解に関しては、語彙量、意味理解等、単語の理解については比較的強い力であると考えられるが、言葉の抽象的な概念についての理解が顕著に弱い傾向が認められた。視覚的な情報から、推理したり、思考を展開させたりする力については、具体・抽象を問わず総じて弱さが認められた。聞いたことを記憶する力に関して、単に記憶しておく力に比べ、記憶したことを保持しながらその記憶を操作して答えを導くといった、より複雑な記憶（ワーキングメモリー）について弱い傾向にあった。処理速度に関しては、すばやく書き写すといったことについて、丁寧に書こうとするあまり一定の時間に多くを処理することが難しく、刺激となるものを見て判別する作業においても、細部を正確に捉えて判別することが難しかった。

　検査結果から、本児の困難の要因として、①言語能力の中でアンバランスさが見られ、一定の語彙の力を持っているが、それを学習場面や生活場面で活用し、言語で思考したり適切な判断をしたりするといったことに困難が生じる可能性がある。そのため、話者の意図を正確にくみ取ったり、文章を読んで文脈を理解したりすることが難しい。また知識の不足から会話等の内容を理解しにくいことがある、②視覚的な情報から推理したり関係性を理解する力が弱い傾向にあることやワーキングメモリーの弱さに関連し、複数の情報を同時に認識し、場や状況を全体的に把握することが難しかったり、社会的な場面でその場の情報に基づいて自分で判断して課題を処理することが難しい。また、新規な場面でのふるまい方をイメージすることが難しい、③作業処理においては、丁寧に正確に取り組むことは本児の強みであり活用できる力であるが、制限時間のある課題や作業効率を求められる場合、時間内に求められている作業量をこなすことが難しい、等のことが考えられた。そしてこれらの要因が集団生活や学習に少なからず影響を及ぼしていると考えられた。

　保護者や学校からの聞き取りからも、言語表現の難しさ、応答的なコミュニケーションの難しさ、柔軟な思考の難しさ、見通しの持ちにくさ、他者の気持ちや関係性を理解することの難しさ、ストレス耐性の弱さ等があることが推察された。

　支援に当たっては、本児の状態や学習の理解を細やかに評価しながら、特性に合わせた支援・配慮をおこなうことが必要であると考えられた。また、本児の好きな活動や得意な活動を通して自己肯定感を高めるとともに、肯定的な関わりによって不適切な行動の軽減と好ましい行動様式の獲得を図っていくこと

が大切であると考えられた。具体的な支援の例としては次のような内容をサポートプランに記載した。

- 語いや一般的な知識などについては、理解の程度を評価しながら、必要に応じ、平易な言葉で説明する。
- 一定、繰り返し指導し、学習の経過や成果を本人にフィードバックする。
- 視覚的な情報を提示する場合は、具体、抽象を問わず、言語的な説明を添える。
- 記憶できる容量に配慮し、説明や指示は端的に行う。また、基本的に一つの指示で一つの作業をさせ、複数の作業を同時にさせる場合は、分かりやすい視覚支援等を行う等配慮する。
- 教師や保護者が聞く姿勢を示し、言語活動を促し、考えたことや気持ちを他者に伝える機会を生活や学習の中に取り入れる。表現の仕方がわかりづらいときは、代弁して聞かせる。また本児の、人とかかわりたい気持ちを大切にしながら、コミュニケーションの機会を通じ、話者の意図を聞き取る力を養う。
- 本児の一日の生活に見通しを持たせるために、毎朝、本児と一緒に一日の流れや活動場所を確認する。
- クラスでの活動が難しいことが予想される時間については、別室で、対応する職員と学習内容を予め決めておく。

2）サポートプランを活用した支援

作成したサポートプランは教育相談の場で保護者に提供し、本児の状態を踏まえ、家庭での関わり方について助言した。保護者への提供後、保護者の同意を得て小学校に提供した。提供に当たっては、検査を実施した特別支援学校の特別支援教育コーディネーターが小学校へ出向き、小学校の管理職、特別支援教育コーディネーター、養護教諭、担任に対して説明した。

その後、小学校では、校内支援委員会を開き、校内体制を整えるとともに、サポートプランをツールとして個別の指導計画を作成したり、全職員に対して、共通理解を図ったりした。さらにすべての職員が、本児を見かけたときは、挨拶や声掛けをし、コミュニケーションを図る等のことが行われた。

このような取組を継続して行った結果、離室することが少しずつ減り、クラスの活動に参加できることが増えていった。ものを投げたり奇声を発したりすることもなくなった。別室で過ごす時間も確保しながら、すべての学習をクラスで受けることについては段階的に進めた結果、2年生では、落ち着いた表情

で一日をクラスで過ごせるようになり、友達とのかかわり方やコミュニケーションのスキルも少しずつ身についていった。

注1　ある対象に対して、注意を他者と共有することをいう。例えば、お母さんが指差したり見たりしているものに対して子どもが同じように注意を向けたり、子どもが指差しや持っているものを見せたりすると、お母さんがそれに対し注意を向けるなど。共同注意は生後10か月ごろに成立するとされ、他者の意図の理解や言語発達に大きく関連している。

注2　乳幼児が、他者の表情などを手がかりとして、状況を推測して自らの行動を判断したりコントロールしたりすること。例えば、子どもが友だちのお母さんからお菓子を「どうぞ」と言われたとき、母親を見て笑顔であったら、受け取るなど。社会的参照は生後1年前後に獲得すると言われている。

【文献】

- Wechsler.D／日本版 WISC-Ⅳ刊行委員会　上野一彦・藤田和弘・前川久男・石隈利紀・大六一志・松田修訳編：「日本版 WISC-Ⅳ知能検査倫理・解釈マニュアル」日本文化科学社　2010年．
- 上野一彦・松田修・小林玄・木下智子：「日本版 WISC-Ⅳによる発達障害のアセスメント―代表的な指標パターンの解釈と事例紹介―　」日本文化科学社　2015年．
- 新版K式発達検査研究会編：「新版K式発達検査法2001年度版標準化資料と実施法」ナカニシヤ出版　2010年．
- 松下裕・郷間英世編：「新版K式発達検査法2001年版　発達のアセスメントと支援」ナカニシヤ出版　2012年．
- 国立特別支援教育総合研究所：「特別支援教育の基礎・基本新訂版」ジアース教育新社　2017年．
- 特異的発達障害の臨床診断と治療指針作成に関する研究チーム：「特異的発達障害診断・治療のための実践ガイドライン―わかりやすい診断手順と支援の実際―」診断と治療社　2011年．
- 橋本浩：「子どもの心を診る医師のための発達検査・心理検査入門」　中外医学社　2018年．
- 繁多進・向田久美子・石井正子：「新乳幼児発達心理学」福村出版　2010年．
- 下山晴彦・中嶋義文編集：「公認心理師必携　精神医療・臨床心理の知識と技法」医学書院　2016年．

5 落ち着いた過ごしやすい教室環境を考える

　合理的配慮と基礎的環境整備については、第2章 2 で詳しく述べたので参照して欲しい。
　落ち着いた過ごしやすい教室環境とは、全ての子どもが安心でき、落ち着いて過ごせるために、不要な刺激を減らしたり、学習のねらいを意識し、子どもが自分から興味をもって学習に取り組むことができるように環境を整えることである。特に、発達障害といわれる子どもたちには、感覚過敏がある子どもも多い。こうした子どもは、他の子どもには特段何ともない音や景色であっても、生理的に耐えられない聴覚的な刺激や視覚的な刺激となり、そこから逃れようとするために、離席したり、うろうろしたり、時には大声を上げてしまう。それを他者が異常行動と捉えてしまうこともある。こうした子どもに向けて、視覚的な刺激を減らしたり、聴覚的な刺激を減らすことは、子どもにとって落ち着いた過ごしやすい教室といえるだけでなく、ともすれば異常行動と思われていたものの減少につながるかもしれない大切な視点である。
　ここでは、子どもの状態像や症状によって配慮すべき学習環境を整理してみる。例えば、「集中力に課題がある子どもに集中しやすくする」ために、
　・黒板が見えやすく、板書を書き写しやすい座席位置を確保
　・眩しさへの配慮としてカーテンの設置
　・視覚過敏への配慮として、教室前面への掲示は厳選して最小限にする
　・机・椅子の脚にカバーを付け動かしたとき音が出ないようにする
　・1時間の授業の流れを一定にし、見通しがもてるようにする
のようなことが考えられる。
また、「授業の見通しを持たせることで授業や作業の参加度を増やす」ために、
　・1日のスケジュールを簡潔に図や絵で提示
　・次の授業や活動の準備物、移動先等の指示を視覚的に提示
　・給食当番やそうじ当番、日直等の仕事の内容やローテーションの掲示
　・初めて体験する行事では、ビデオ等で様子を見たり、予行練習をする
のようなことが考えられる。

教室環境を整える意義は、環境が人をつくると言われるように、子どもが学校生活の大半を過ごす教室が、安全で落ち着いた、温かさが感じられるように整備されていると、そこで学習し生活する子どもの情緒の安定に大きくいい影響を与えることにある。

　具体的には、掲示物に関していうと、教室の前面や黒板の周辺への掲示物はできるだけ厳選して少なくする。見通しが持てるカード等の掲示を優先する。他の掲示物や先生からのお知らせや作品の掲示は、教室の後ろにコーナーを決めて掲示する配慮が必要である。

　また、学級が落ち着かず、特別なニーズがあり、支援を必要とする子どもに対し、その子どもだけにいくら個別配慮をしてもうまくいかない。学級が落ち着くと、支援を必要とする子どもの授業の参加度が大きく増加した、との事例報告はたくさんある。ICFでは障害特性だけでなく、家庭や学校・学級といった「環境因子」の重要性がクローズアップされ、環境により、その子の困難さが大きく変化し、活動や参加の状況が変わってくると指摘している。特に学校では、その子が生活する学級の状況により、子どもの困難さは大きく左右されるといわれている。

　落ち着いた教室環境を作るためは、子どもたちに教室の中で勉強をするときの「授業スキル」を指導する必要がある。それは以下のようである。

① 「黙って手を挙げる」というスキル学習である。かつて、授業中に子どもたちが元気よく、大きな声で『ハイハイ』『先生先生』と手を挙げていると、活発でいい授業をしていると評価されたものだ。現在では、どのクラスにも感覚過敏の子どもが在籍しているという前提で、『はいはい』『先生先生』と言わせない授業づくりが求められている。元気な声、大きな声が何度となく聞こえると感覚過敏の子どもは部屋を飛び出す以外に方法を持たない。このスキルは小学校1・2年の担任がスキル学習をさせ、3年以上の担任はその方針を踏襲した授業をするのが効率のいいやり方ともいわれている。

② 「話はじめを明確にする」スキル指導。いつの間にか話が始まったのでは理解も困難。落ち着かなくなる。席を立って意見を言うときは、『ぼくの意見を聞いてください』等、これから話をするよとクラス仲間に伝えるスキルを身につける。教師もこの言葉が出たら、静かにしっかりと聞くということを指導する。

③ 「ハンドサインの活用」を指導する。黙って手を挙げる、話を静かに聞く、

そんなスキルが学習できても、仲間と違った意見や回答があると、『ハイハイ』『先生先生』と咳き込んで手を挙げるものである。教師はそんな子どもの気持ちを汲んで、「今の意見に付け加えたいとき、Vサインを高く上げよう」とサインを提案し確認するといった工夫があると、子どもも落ち着いて安心できる授業になる。

④ 「声の大きさ」スキルを指導する。子どもは夢中になったり、自己主張をしようとすると自然と声のトーンが上がり大きくなりがちである。教育委員会等では、授業で子どもたちが自ら学習しようとする力をつけるため、グループ学習を取り入れた指導を促している。しかし、声の大きさスキルが入っていないと、各班大声で話し、雑然とした雰囲気になる。日頃より、教師がモデルを示して、運動場では5の大きさ（大声を上げる）、教室では3の大きさ（普通の大きさの声）、友達と話すときは1の大きさ（ささやき声）か2の大きさ（小声）という風に指導する。グループ学習は2か3の声の大きさで話そうという指導が必要になる。

⑤ 「勝手に話さない約束」をする。子どもたちに、先生から指名されないのに勝手に意見をいったり、仲間と話したりしてはいけないことを徹底する。今意見を言っている友達の話を静かに聞くことの大切さをきちんと指導することも教室環境の重要なポイントとなる。

こうした授業スキルの指導とともに、みんなができたことを認め誉める教師の姿勢も問われる。

担任教師の基本姿勢として考えられることは、

① 「ほめる・認める」態度：『できた』からほめるのではなく、やろうとする意欲、呼びかけたら振り返ろうとする動き、こういった子どもの思いや動きもほめると、子どもの「セルフエスティーム（自己有能感）」を高める刺激になる。子どもは、障害特性からくるつまずきや困難さのため、幼い頃から注意を受けることが多く、自己肯定感、自己有能感が失われがちである。二次障害を防ぐためにも、こうした感情を高めるとともに、担任の心掛け・態度が大切である。

② 『笑顔で話す』態度：子どもも大人も人と関わる際、一番最初に見るのが『目元』といわれている。「目は口ほどにものをいう」と昔から言われているが、怒ったような目元を感じると、緊張してその人と関わらざるを得ない。教師はまず目元を笑う練習をすることが大事と思う。笑顔が多いクラスは子どもに安心感を与える。障害のある子どもや感覚過敏のある子どもにも居心地の

良いクラスになる。
③ 「あせらない」態度：障害がある子どもや生理学的な課題のある子どもは、適切な対応をしてもすぐに効果が表れないこともある。教師の焦りは、自分自身のストレスだけでなく、時として子どもにストレスを与える。そのことが子どもにとって辛い教室環境となる。ある程度長期的な視野でゆとりのある対応が教師側に必要である。

さらに、周囲の仲間の理解を求めるクラス作りや仲間作りも教室環境として重要な視点である。文部科学省は、全ての学年等に、障害理解授業を一定時間実施することを提案・推進している。これまでも、車いす体験授業や白杖体験授業等を実施している学校は多い。こうしたイベント的な授業ではなく、子どもの発達を勘案した授業の推進を下記の段階で行うよう提案している。

気づきの段階（子どもの気づきを無視しない。マイナスイメージを持たせない）→知識化の段階（子どものレベルに応じた障害に関する広範囲な知識を得る）→情緒的理解の段階（直接・間接の接触から障害を心で感じる）→態度形成の段階（これまでの段階を通じて適切な認識・態度が養われる）→受容的行動の段階（実際の生活場面での受容・援助行動の発現）

小学1年生から中学3年生まで、それぞれの段階を考慮して、授業として一定の時間を確保（例えば道徳の時間や総合的な学習の時間等）して行うものとしている。

また、社会的なやりとりを促す支援として、仲間の力を借りるという方法もある。例えば、いつも一人でいる子どもに対して、クラスのリーダーの子に「一緒に遊ぼっていってあげて」って頼む。「いいよ」と誘ってくれたら、教師は「〇〇君が遊ぼっていってくれてるよ。行こ行こ」と手を取ってグループに入り遊びの支援をしていく。これを「仲間始発法」という。

でも、いつも誘われるばかりではなく、自分から友達に頼むことを教えようと教師が考えると、「〇〇君に入れてって言ってごらん」といわせてみるだろう。でも、仲間が知らんぷりをしたり、拒否されると二度と仲間にいうことはない。事前に〇〇君に「Aくんが入れてっていったら、いいよって言ってあげてね」と頼んでおく。そして、そのように進んだら『良かったね。行こ行こ』と手を取って入っていく。これを「仲間モデル法」という。

給食の時間に、きちんとスプーンが持てない子どもに気付くと、「Aくんのまねしてスプーン持とうね」って誘ってみる。そのようにしようとしたりすると「いいよいいよ」とほめる。例えうまくできなくても、『もう少しだ。また明日やってみよう』って教師は関わっていくだろう。これを「汎化模倣法」という。

　また、体育の時間に、「隣と手をつないで踊ろう」といって片手は教師と反対の手は仲間とつないで楽しく音楽に合わせて踊ってみる。こうした経験が人と関わる楽しさや社会性を育む基礎となる。これを「グループ情愛活動法」と呼んでいる。

　このように、教室環境は、クラス作りや仲間作りも併せて行うことで、支援を要する子どもだけでなく、全ての子どもにとって安心安全な過ごしやすい環境になることが待たれている。

6 分かりやすい授業づくりを考える

1 ユニバーサルデザインとは

ユニバーサルデザインは、ノースカロライナ州立大学のロナルド・メイス教授らにより提唱され、次のような「ユニバーサルデザイン7原則」が示されている。

(1) ユニバーサルデザイン7原則
① 誰でも公平に使える
② 柔軟に使える
③ 使い方が簡単で分かりやすい
④ 必要な情報がすぐ分かる
⑤ 安全安心に利用できる
⑥ 身体への負担が少なく、楽に使える
⑦ 誰でも使える十分な大きさとスペースがある

「共生社会の形成に向けたインクルーシブ教育システム構築のための特別支援教育の推進（報告）」（平成24年中央教育審議会初等中等教育分科会）の中でユニバーサルデザインは、「障害の有無、年齢、性別、人種等にかかわらず多様な人々が利用しやすいよう都市や生活環境をデザインする考え方」で、「障害者の権利に関する条約第2条（定義）において、「ユニバーサルデザイン」とは、調整又は特別な設計を必要とすることなく、最大限可能な範囲ですべての人が使用することのできる製品、環境、計画及びサービスの設計をいう。ユニバーサルデザインは、特定の障害者の集団のための支援装置が必要な場合には、これを排除するものではない、と定義されている」と示されている。

また、同報告では、学校教育においてインクルーシブ教育システムを構築する上で「合理的配慮」の充実が必要であり、そのために「基礎的環境整備」の充実は欠かせない、「基礎的環境整備」を進めるにあたっては、ユニバーサルデザインの考え方を考慮しつつ進めて行くことが重要であると述べられ、教育の分野においてもユニバーサルデザインの考え方を取り入れることの重要性が示唆されている。

(2) ユニバーサルデザインの視点を取り入れた授業とは

　前述の「共生社会の形成に向けたインクルーシブ教育システム構築のための特別支援教育の推進（報告）」の中で、障害のある子どもも、障害のない子どもも「授業内容が分かり学習活動に参加している実感・達成感を持ちながら、充実した時間を過ごしつつ、生きる力を身に付けていける」ことが最も本質的な視点であると述べられている。

　ユニバーサルデザインの視点を取り入れた授業とは、ユニバーサルデザイン7原則の考え方をふまえた「すべての子どもにとって分かりやすい授業づくり」といえる。

(3) すべての子どもにとって分かりやすい授業づくりのために

　まずは、各学校が適切な教育課程を編成し、カリキュラム・マネジメントを充実させることが必要である。そして、各校の教育課程にそって実施される各教科等の指導にあたっては、個別の指導計画を作成する。児童生徒の実態や各教科、自立活動等の特質をふまえて作成されたこの計画が、児童生徒にとって適切な計画であるかどうかは、実際の指導を通して明らかになる。そのため、計画（Plan）―実践（Do）―評価（Check）―改善（Action）のサイクルの中で適宜評価を行い、指導目標や指導内容、指導方法などを改善していく。家庭や関係機関との連携を図り、長期的な視点で児童生徒への教育的支援を行うために作成される個別の教育支援計画は、カリキュラム・マネジメントの重要な視点である「教科等横断的な視点」から一人ひとりの児童生徒の障害の状態や特性、心身の発達の段階等に応じた指導内容や指導方法を検討するための情報ともなる。

2　子どもの多様性を考えた教育課程の編成

(1) 教育課程とは

　学校で編成する教育課程とは、学校教育の目的や目標を達成するために、教育の内容を児童生徒の心身の発達に応じ、授業時数との関連において総合的に組織した各学校の教育計画のことを指す。

(2) カリキュラム・マネジメント

　各学校においては、教育課程に基づき組織的かつ計画的に教育活動の質の向

上を図るため、「児童生徒や学校、地域の実態を適切に把握し、教育の目的や目標の実現に必要な教育の内容等を教科等横断的な視点で組み立てていくこと」「教育課程の実施状況を評価してその改善を図っていくこと」「教育課程の実施に必要な人的又は物的な体制を確保するとともにその改善を図っていくこと」などの「カリキュラム・マネジメント」が求められている。

（3）特別支援学校における教育課程の編成

教育課程は、「教育目標の設定：何をめざして」「指導内容の組織：どのような指導を」「授業時数の配当：何時間設定するか」の3つを要素とする各学校の教育計画であるといわれる。

特別支援学校においては、在籍する子どもの実態に応じて、柔軟で特色ある多様な教育課程の編成が可能であることが、学習指導要領に示されている。具体的には、「幼稚園、小・中学校、高等学校の教育課程に準ずる教育課程」「下学年（下学部）を適用する教育課程」「知的障害特別支援学校の教科を中心とした教育課程」「自立活動を中心とした教育課程」などである。

教育課程の目標や内容等を、学習の成果を含めて、保護者等に分かりやすく説明することも大切である。また、特別支援学校では、幼稚部から高等部まで幅広い年齢層の子どもを指導しており、各学部において教育課程を編成する際にはそれぞれ配慮が必要である。具体的には、以下に示す通りである。

①幼稚部
・他者とのかかわり
・集団でのかかわり
・遊びをとおして

②小学部
・基本的な生活習慣
・基礎的な学習・態度
・きまりやルールを守る
・役割をこなす

③中学部
・社会とのつながり（一般的なルール、コミュニケーションへの移行）
・働くことへの興味・関心

④高等部
・思春期から青年期へ

・性に関する指導、ソーシャルスキル
・卒業後の生活をふまえた学習

(4) 特別支援学級における教育課程の編成

特別支援学級に在籍する児童生徒については、障害の種類や程度等によって、特別の教育課程を編成することができる。特別の教育課程編成の基本的な考え方としては、
① 特別支援学校の「自立活動」を取り入れること
② 各教科の目標や内容を実態に応じて、下学年の教科の目標や内容に替えたり、各教科を知的障害者に対する教育を行う特別支援学校の各教科に替えることができること

が示されている。

(5) 自立活動

「自立活動」は、「児童生徒が自立を目指し、障害による学習上又は生活上の困難を主体的に改善・克服するために必要な知識・技能、態度及び習慣を養い、もって心身の調和的発達の基盤を培う」ことをねらいとして、特別支援学校で実施されている。特別支援学級に在籍する児童生徒においても、一人ひとりに個別の指導計画を作成し、それに基づいた指導を行うことが必要である。

特別支援学校学習指導要領の中に、自立活動の内容として、「健康の保持」「心理的な安定」「人間関係の形成」「環境の把握」「身体の動き」「コミュニケーション」の6つの区分のもとに27項目が設けられている。

自立活動の指導にあたっては、以下のような手順で個別の指導計画を作成する。

自立活動の個別の指導計画の作成手順（例）
① 個々の児童生徒の実態把握（障害の状況、発達や経験の程度、生育歴等）
② 実態把握に基づく指導すべき課題の整理
③ 指導目標の設定
④ 自立活動の内容6区分27項目から必要項目の選定
⑤ 項目を相互に関連づけた具体的な指導内容の設定

(6) 各教科等を合わせた指導

知的障害のある児童生徒の教育課程においては、各教科等を合わせた指導を

自立活動の6区分27項目
　1　健康の保持
（1）　生活のリズムや生活習慣の形成に関すること
（2）　病気の状態の理解と生活管理に関すること
（3）　身体各部の状態の理解と養護に関すること
（4）　障害の特性の理解と生活環境の調整に関すること
（5）　健康状態の維持・改善に関すること
　2　心理的な安定
（1）　情緒の安定に関すること
（2）　状況の理解と変化への対応に関すること
（3）　障害による学習上又は生活上の困難を改善・克服する意欲に関すること
　3　人間関係の形成
（1）　他者とのかかわりの基礎に関すること
（2）　他者の意図や感情の理解に関すること
（3）　自己の理解と行動の調整に関すること
（4）　集団への参加の基礎に関すること
　4　環境の把握
（1）　保有する感覚の活用に関すること
（2）　感覚や認知の特性についての理解と対応に関すること
（3）　感覚の補助及び代行手段の活用に関すること
（4）　感覚を総合的に活用した周囲の状況についての把握と状況に応じた行動に関すること
（5）　認知や行動の手掛かりとなる概念の形成に関すること
　5　身体の動き
（1）　姿勢と運動・動作の基本的技能に関すること
（2）　姿勢保持と運動・動作の補助的手段の活用に関すること
（3）　日常生活に必要な基本動作に関すること
（4）　身体の移動能力に関すること
（5）　作業に必要な動作と円滑な遂行に関すること
　6　コミュニケーション
（1）　コミュニケーションの基礎的能力に関すること
（2）　言語の受容と表出に関すること
（3）　言語の形成と活用に関すること
（4）　コミュニケーション手段の選択と活用に関すること
（5）　状況に応じたコミュニケーションに関すること

行うことができる。各教科等を合わせた指導には、「日常生活の指導」「遊びの指導」「生活単元学習」「作業学習」などがある。

3 子どもを支えるツールとしての個別の指導計画・個別の教育支援計画の作成、活用

一人ひとりの子どもの障害の状態等に応じた指導内容や指導方法の工夫を計画的、組織的に行うため、特別支援学校だけでなく、幼稚園、小学校、中学校、高等学校においても個別の指導計画、個別の教育支援計画の作成・活用が求められている。

(1) 個別の指導計画について

障害のある児童生徒一人ひとりの指導目標、指導内容や指導方法を明確にして、きめ細やかに指導するために各学校で作成する。個別の指導計画は、教職員の共通理解により一人ひとりに応じた指導を一層進めるためのものである。

(2) 個別の指導計画の作成と指導

個別の指導計画に基づく指導は、次のような「PDCAサイクル:計画（Plan）―実践（Do）―評価（Check）―改善（Action）」によって進めることが大切である。

① 実態把握 ← 指導すべき課題の抽出
（情報の内容）
・生育歴、基本的な生活習慣、病気等の有無や状態、人やものとのかかわり、心理的な安定の状態、コミュニケーションの状態、対人関係や社会性の発達、身体機能、視機能、聴覚機能、知的発達や身体発育の状態、興味・関心、障害の理解に関すること、学習上の配慮事項や学力、特別な施設・設備や補助用具（機器を含む）の必要性、進路、家庭や地域の環境等
・長所や得意なこと
＊適切な情報管理（個人情報の保護）に十分留意する
② 指導目標（ねらい）の設定
  ← 長期的な観点、短期的な観点から
  ← 指導すべき課題の整理
「できること」「もう少しでできること」「支援があればできること」

③ 具体的な指導内容の設定
- ← 主体的に取り組み、成就感を味わう
- ← 自分を肯定的に捉える
- ← 「自分が何のために」「何をするのか」の理解
- ← 興味・関心を引く教材・教具
- ← 解決可能で取り組みやすい
- ← 指導の細分化（自己評価ができる課題の細分化）

④ 指導の実践
⑤ 学習状況の評価
⑥ 計画の見直し、指導の改善

(3) 個別の教育支援計画について

　障害のある児童生徒には、学校生活だけでなく家庭生活や地域での生活を含め、長期的な視点で幼児期から学校卒業後までの一貫した支援を行うことが重要である。「障害者基本計画」において、「教育、医療、福祉、労働等の関係機関が連携・協力を図り、障害のある幼児児童生徒の生涯にわたる継続的な支援体制を整え、それぞれの年代における望ましい成長を促すため、個別の支援計画を作成する」ことが示されている。この個別の支援計画のうち、幼児児童生

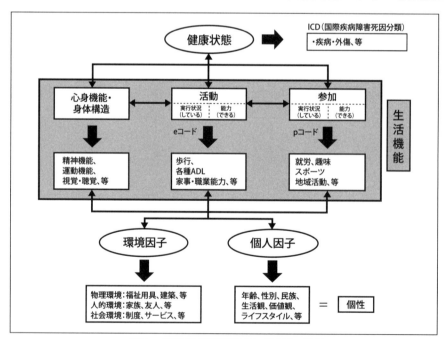

図8　国際生活機能分類（ICF）の図

徒に対して教育機関が中心となって作成するものを個別の教育支援計画という。
　作成、活用にあたっては、国際生活機能分類（ICF）の考え方も参考にする（図8）。ICFでは、人間の生活機能は「心身機能・身体構造」「活動」「参加」の三つの要素で構成され、それらの生活機能に支障がある状態を「障害」と捉えている。生活機能と障害の状態は、健康状態や環境因子等と相互に影響しあうものと説明されている。

(4) 個別の教育支援計画の作成と活用

　児童生徒が生活の中で遭遇する制約や困難を改善・克服するための教育的支援について、長期的な視点を持って家庭や関係機関と連携しながら計画を作成し活用していく。作成に関与する関係者も多くなるため、事前に保護者の同意を得るなど情報管理（個人情報保護）に十分留意する。

① 個別の（教育）支援計画の引継ぎ
② 実態把握、関係機関や連携協力が可能な支援機関の把握
③ 本人、保護者の意向や将来の希望等の聴き取り
④ 支援目標の設定
　← 支援すべき内容の整理
　← 長期的な視点から
　　（就学前から就学時、進路先までの途切れない支援に生かす）
⑤ 具体的な支援内容の設定
　← 家庭や医療機関、福祉機関等、それぞれの支援内容、役割の明確化
　　「どのような支援が必要か、可能か」
　← 教科等横断的な視点から、指導内容や指導方法を検討する際の情報として「個別の指導計画」に生かす
⑥ 支援の実施
⑦ 支援状況の評価
⑧ 計画の見直し、支援の改善
⑨ 個別の（教育）支援計画の引継ぎ

4　ユニバーサルデザインの視点を取り入れた授業づくりと学習評価

　教室にいる子どもたちみんなが参加している実感を持って充実した時間を過ごし、授業内容が分かり、達成感を持ちながら生きる力を身に付けていく。そんな授業を実現するために、どんなことが必要だろうか。

(1) 学級づくり

　まず、毎日の教育活動の中で大切にしたいことは、教室などの環境整備や学校生活や学習を行う上でのルール作り、教師やクラスメイト等との関係づくりである。教室が整理整頓され、必要なものがどこにあるのか、どこを見れば必要な情報が得られるのかが分かりやすい環境、みんなが安心して学校生活を送るための約束ごとや共通のルール、互いの個性や違いを認め合える関係づくりを心掛けたい。

(2) 授業づくり

　次に、実際の授業を組み立てるうえで考慮したい内容について、「①情報保障」「②活動内容」「③教材・教具」の項目に分けて示す。

①情報保障（視覚的な支援、聴覚的な支援を考える）

　＜人からの情報＞
　　声の大きさ・トーン・スピード・時間・タイミング
　　視線・位置
　　具体的・明確・肯定的

　＜板書、掲示物＞
　・文字の大きさ・色・量・振り仮名・行間・ライン・囲み・矢印・記号・絵・図・写真・ＶＴＲ
　　板書時間

②活動内容
　　授業のめあて、流れを示す（視覚化）

　＜活動＞
　　課題のスモールステップ化
　　具体物の使用、モデル化
　　体験的学習
　　動作化・作業化（話す、書く、操作する、作る等）
　　共有化（話し合う、伝え合う、協力し合う等）
　　多感覚の使用
　　繰り返し学習

　＜形態＞
　　一斉学習、ペア学習、グループ学習、発表の場

③教材・教具
　　身近な生活からの題材
　　ワークシート、ヒントカード、フラッシュカード
　　選択課題（基礎・応用・発展、チャレンジ）
　＜ICT機器の活用＞
　　（読み書き計算等の補助）
　　デジタルカメラ、ICレコーダー、電卓、電子辞書、デジタル教科書
　　（集中力・注目）
　　電子黒板、プロジェクター、書画カメラ
　　（見通し・切り替え）
　　タイムタイマー

　授業を組み立てていくうえで大切にしたいことは、「**見通し**：授業の流れが分かる」「**焦点化**：何をするのかが分かる」「**スモールステップ化**：達成感を感じる」「**共有化**：考えを深める」である。

　「何を学ぶのか」「どのように学ぶのか」「何ができるようになるのか」の観点を持って授業を組み立て、学習過程を想定する中で児童生徒のつまずきが予想される場合は、その原因を考え必要に応じて個別の手だてを工夫する。

　障害の種別に応じた「学習上又は生活上の困難を改善・克服するための配慮」「情報・コミュニケーション及び教材の配慮」については、「共生社会の形成に向けたインクルーシブ教育システム構築のための特別支援教育の推進（報告）」の資料（別表）を参考にされたい。

(3) 学習評価

　指導と評価は一体であるといわれる。学習評価を行うに当たっては、まず指導目標（ねらい）を設定する段階において、その達成状況を具体的にイメージしておくことが大切である。そのうえで「児童生徒にどのような力が身に付いたか」という学習の成果を的確に捉え、教師が指導の改善を図るとともに、児童生徒自身が自らの学習を振り返って次の学習に向かう心構えをつくることも必要である。

　実際の評価では、教師は指導内容や児童生徒の特性に応じて単元や題材など内容や時間のまとまりを見通しながら評価の場面や方法を工夫していく。また、学習の成果だけでなく学習の過程も大切にし、他者と比べるのではなく、児童生徒一人ひとりのもつよさや可能性など多様な面から状況を把握する。

たとえば、視覚的に一人ひとりが自分の成長を実感できる工夫や子どもをほめる場面を多く設定することなどが考えられる。子どもをほめるときは、いつ・どこで（タイミング）、どんなふうに（どうすれば伝わるか）など、「ほめ方」を工夫することも必要である。

> 視覚的な評価（例）
> ・分かりやすい目標を決め、達成するごとに好きなシールを貼る
> ・提出された作品やノートにコメントを書く
> 　（付箋やスタンプ等の利用）
> ・経過や結果をグラフにして示す
> ・自己点検ができるチェックシートをつくる
> ・学習の前後を撮影した写真や動画を見る

　学習の振り返り場面では、「学習のねらいは達成できたか」「スモールステップの各目標は達成されたか」「個々に対する支援は適切であったか」等を評価し、教師は授業の改善を図っていく。児童生徒とともに授業を振り返ったり、子ども同士の相互評価場面などの設定も考えていく。
　インクルーシブ教育の本質的な視点は、誰もが「授業内容が分かり」「学習活動に参加している実感・達成感を持ち」「充実した時間を過ごし」そして、「生きる力を身に付けていける」ことである。学習評価においても、この視点を大切にして、必要に応じて外部の専門家と連携し、保護者にも協力を求めながら、学習で身につけた力が家庭生活や社会で発揮できることを期待したい。

【文献】
・文部科学省：「教育要領・学習指導要領　解説」．

共生社会の形成に向けたインクルーシブ教育システム構築のための特別支援教育の推進（報告）

別表

○1-1-1 学習上又は生活上の困難を改善・克服するための配慮	
障害による学習上又は生活上の困難を主体的に改善・克服するため、また、個性や障害の特性に応じて、その持てる力を高めるため、必要な知識、技能、態度、習慣を身に付けられるよう支援する。	
視覚障害	見えにくさを補うことができるようにするための指導を行う。（弱視レンズ等の効果的な活用、他者へ積極的に関わる意欲や態度の育成、見えやすい環境を知り自ら整えることができるようにする　等）
聴覚障害	聞こえにくさを補うことができるようにするための指導を行う。（補聴器等の効果的な活用、相手や状況に応じた適切なコミュニケーション手段（身振り、簡単な手話等）の活用に関すること　等）
知的障害	できるだけ実生活につながる技術や態度を身に付けられるようにするとともに、社会生活上の規範やルールの理解を促すための指導を行う。
肢体不自由	道具の操作の困難や移動上の制約等を改善できるように指導を行う。（片手で使うことができる道具の効果的な活用、校内の移動しにくい場所の移動方法について考えること及び実際の移動の支援　等）
病弱	服薬管理や環境調整、病状に応じた対応等ができるよう指導を行う。（服薬の意味と定期的な服薬の必要性の理解、指示された服薬量の徹底、眠気を伴い危険性が生じるなどの薬の副作用の理解とその対応、必要に応じた休憩など病状に応じた対応　等）
言語障害	話すことに自信をもち積極的に学習等に取り組むことができるようにするための発音の指導を行う。（一斉指導における個別的な発音の指導、個別指導による音読、九九の発音等の指導）
自閉症・情緒障害	自閉症の特性である「適切な対人関係形成の困難さ」「言語発達の遅れや異なった意味理解」「手順や方法に独特のこだわり」等により、学習内容の習得の困難さを補完する指導を行う。（動作等を利用して意味を理解する、繰り返し練習をして道具の使い方を正確に覚える　等）
学習障害	読み書きや計算等に関して苦手なことをできるようにする、別の方法で代替する、他の能力で補完するなどに関する指導を行う。（文字の形を見分けることをできるようにする、パソコン、デジカメ等の使用、口頭試問による評価　等）
注意欠陥多動性障害	行動を最後までやり遂げることが困難な場合には、途中で忘れないように工夫したり、別の方法で補ったりするための指導を行う。（自分を客観視する、物品の管理方法の工夫、メモの使用　等）

○1-2-1 情報・コミュニケーション及び教材の配慮	
障害の状態等に応じた情報保障やコミュニケーションの方法について配慮するとともに、教材（ICT 及び補助用具を含む）の活用について配慮する。	
視覚障害	見えにくさに応じた教材及び情報の提供を行う。（聞くことで内容が理解できる説明や資料、拡大コピー、拡大文字を用いた資料、触ることができないもの（遠くのものや動きの速いもの等）を確認できる模型や写真　等）また、視覚障害を補う視覚補助具や ICT を活用した情報の保障を図る。（画面拡大や色の調整、読み上げソフトウェア　等）
聴覚障害	聞こえにくさに応じた視覚的な情報の提供を行う。（分かりやすい板書、教科書の音読箇所の位置の明示、要点を視覚的な情報で提示、身振り、簡単な手話等の使用　等）また、聞こえにくさに応じた聴覚的な情報・環境の提供を図る。（座席の位置、話者の音量調整、机・椅子の脚のノイズ軽減対策（使用済みテニスボールの利用等）、防音環境のある指導室、必要に応じて FM 式補聴器等の使用　等）
知的障害	知的発達の遅れに応じた分かりやすい指示や教材・教具を提供する。（文字の拡大や読み仮名の付加、話し方の工夫、文の長さの調整、具体的な用語の使用、動作化や視覚化の活用、数量等の理解を促すための絵カードや文字カード、数え棒、パソコンの活用　等）
肢体不自由	書字や計算が困難な子どもに対し上肢の機能に応じた教材や機器を提供する。（書字の能力に応じたプリント、計算ドリルの学習にパソコンを使用、話し言葉が不自由な子どもにはコミュニケーションを支援する機器（文字盤や音声出力型の機器等）の活用　等）
病弱	病気のため移動範囲や活動量が制限されている場合に、ICT 等を活用し、間接的な体験や他の人とのコミュニケーションの機会を提供する。（友達との手紙やメールの交換、テレビ会議システム等を活用したリアルタイムのコミュニケーション、インターネット等を活用した疑似体験　等）
言語障害	発音が不明瞭な場合には、代替手段によるコミュニケーションを行う。（筆談、ICT 機器の活用等）
自閉症・情緒障害	自閉症の特性を考慮し、視覚を活用した情報を提供する。（写真や図面、模型、実物等の活用）また、細かな制作等に苦手さが目立つ場合が多いことから、扱いやすい道具を用意したり、補助具を効果的に利用したりする。
学習障害	読み書きに時間がかかる場合、本人の能力に合わせた情報を提供する。（文章を読みやすくするために体裁を変える、拡大文字を用いた資料、振り仮名をつける、音声やコンピュータの読み上げ、聴覚情報を併用して伝える　等）
注意欠陥多動性障害	聞き逃しや見逃し、書類の紛失等が多い場合には伝達する情報を整理して提供する。（掲示物の整理整頓・精選、目を合わせての指示、メモ等の視覚情報の活用、静かで集中できる環境づくり　等）
重複障害	（視覚障害と聴覚障害）障害の重複の状態と学習の状況に応じた適切なコミュニケーション手段を選択するとともに、必要に応じて状況説明を含めた情報提供を行う。（補聴器、弱視レンズ、拡大文字、簡単な手話の効果的な活用　等）

第4章 教育相談と学校や家庭への支援のあり方

障害のある子どもを育てる親への関わり

1 障害のある子どもを育てること

　筆者は、長年、障害のある子どもを育てる母親からの相談を受けてきた。障害のある子どもを育てている親の多くは、子どもが小さい段階でその子どもの障害を知らされ、ショックを受ける。そのショックは計り知れないものであり、いくつかの段階を経て障害のある子どもの親として生きていこうと考えられるようになる。その段階とは、①精神的に強い衝撃を受ける時期、②精神的な混乱に陥る時期、③子どもの障害を受容する時期、④新しい人生を歩み始める時期である（Drotar,D.,et al.1975）。その過程で、相談者ができることは、保護者に冷静に子どもの状態を伝え、これからの指導・援助の方法を共に考えていくことである。保護者がわが子の現実を受け入れて、歩み始める過程を援助していくのである。つまり、相談者に求められることは、保護者を責めずにその気持ちを汲み取り共に歩むことである。

　筆者が勤務する医療現場において、発達障害の疑いのある子どもの相談が増えている。受診する際の親の不安と戸惑い、確定診断が出たときの不安、その結果を親としてどのように受け止めていくのか、今後、わが子とどのように関わっていったらいいのかなどの相談である。医師の立場で親に伝えること、相談者として親に寄り添うことの役割分担をもって関わっている。子どもの状態を客観的に把握し、今の発達状況から子どもの気持ちに寄り添い、どのような関わりが大切かを保護者と共に考えるのである。短期間の相談ではなく長期にわたって相談を受け、障害のある子どもを生み育てる親のたどる心理的段階それぞれに寄り添い支援を行っている。全ての保護者がこのモデル通りの経緯をたどるわけではないため、筆者は保護者の心情を肌で敏感に感じ取り、保護者の精神的な支援をしていくことに努めている。

　小山（1999）は、障害のある子どもを生み育てる親の姿を通して親になっていくプロセスの中で大切な気づきを述べている。健常児を育てているだけでは見過ごしてしまうことが、障害のある子どもを育てる中では成長の気づきとなる。この気づきに相談者が共有することにより、親の悩みや不安があっても、子どもの発達の理解が深まり、親として人間的に成長される場面を多く見てき

た。保護者が子どものそれぞれの時期の充実を考えることが、かけがえのない子どもを守ることになり、親になる第一歩となるのである。

2 親への関わり

　現在、通常の学級において学習面、行動面で支援の必要な児童生徒が6.5％在籍している（文部科学省 2012）。不登校や外国籍の子ども、虐待を受けている子ども等を含むと10％を超えるといわれている。その際、教師は彼らとどのように関わっていったらいいのだろうか。まず、子どもをユニークなかけがえのない存在として尊重すること、そして子どもの問題状況や感情を、子どもの内的世界から子どもの立場で理解することである。その際、教師は子どもをよく見てよく聴く、子どもの感情に焦点をあてる、教師自身の価値のみに照らし合わせて子どもを見ない、呼応的な関わりをする、子どもの味方になり生かし育てることが求められる。安達（2009）は、親の子育てにおいて大切なことを以下のようにあげている。家庭は生活の場であり、安らぎの拠点にすること、日常生活の普通の事柄に一手間加えること、人を頼りにできる安心感を持たせること、社会への橋渡し役としての親になること、すべてをお膳立てしないことである。教育現場では、このような子育ての中で育った子どもばかりではない。そのため、多様な環境で育った子どもの状況を踏まえて、学校と家庭をうまく橋渡ししながら子どもと関わっていくのである。

　筆者が病院で相談している発達障害のある小学6年生男児の担任と保護者との関わりから、学級担任に求める資質と保護者への対応について考えたい。本児は、字を書くことが苦手である。プリントをしていて分からなくなると、プリントを破いてしまう。気に入らないと部屋を出ていく。集団活動もうまくいかないとその場でやめてしまう。そのため担任は、本児が起こす様々な場面で本児の気持ちに寄り添いクールダウンさせる、落ち着けばやるべきことは必ずやらせるといった対応をしてきた。通級指導教室をうまく活用し、学習の補充と気持ちの安定に取り組んだ。保護者には、学校で起こったこと全てを報告するのではなく、一つのエピソードを例にあげ本児の気持ちと行動を説明し、対処したプロセスを話す。その際には、学校でうまくいったこととか頑張って取り組んだことなどを必ず伝えるようにした。徐々に担任と本児の関係はよくなり、学校で落ち着く場面が増えてきた。運動会での組体操、音楽会での楽器演奏などできることが増え、学校での学習態度に少しずつ変化がみられ苦手な書字も頑張ってするようになった。家庭では、民間の宿泊キャンプや4日間のス

キー実習に参加し達成感が持てるようになり、家庭での兄弟とのトラブルも少なくなっていった。本人の強い希望で私立中学を受験し、見事合格したのである。
この事例において担任の保護者への対応で重要なことは、学校における本児の「できにくさ・不都合さ」の伝え方である。結果のみを話すのではなく、本児の感じ方、処理の仕方からのトラブル、担任の子どもの特性に応じた対応を含めて話したことである。連絡帳とか電話だけではなく、直接保護者と出会って話したことも保護者との関係をよくしていった。クラスには様々なタイプの子どもが在籍し、その子どもと担任が必ずしもうまくいくとは限らない。子どもとの関りには、教師の柔軟さが求められ、子どもの状態に応じた臨機応変さが必要である。この柔軟さは保護者対応にも必要であり、目の前の子どもを中心に据え、子どもにとって一番必要なことから保護者と関わっていくのである。

2 学校における支援

1 支援の多様な場

　様々なタイプの子どもに対し、多様な学びの場が小・中学校に用意されている。「通常の学級」では、専門家の助言を受けながらの支援や教室内に支援員を配置しての支援である。また、「通級による指導」や「特別支援学級」があり、「特別支援学校」を選ぶこともできる。つまり、障害の程度や支援の量などにより、連続性のある「多様な学びの場」が用意されている。この学びの場を保護者が理解し、わが子にとって適切な場はどこなのか等の保護者相談が重要となる。

　藤井・横尾（2019）の調査では、就学に向けての相談を保育所・幼稚園に相談が65％、小学校に相談が77％、教育委員会の就学相談の利用は36％であった。全国調査ではなくA県のみの調査ではあるが、就学に向けてのきめ細やかな相談対応ができているとは言い難い。就学に向けての相談では、相談者は保護者の置かれた状態や考え・心情を理解すること、保護者の伴走者として対応すること、保護者の意向を最大限尊重しつつ、本人の教育を第一に考えること、就学先決定後も支援を続ける（ライフステージに応じた支援）ことが求められる。さらに、就学先決定においては、市町村教育委員会は本人・保護者と学校との合意形成（子どもの教育的ニーズとその必要な支援内容等）を得なくてはならない。学校関係者は、障害のある子どもへの教育支援に対し幅広く関与していくこと、就学後における障害等の変化に対して主体的にフォローすることを求めている。そのためには、全ての教師は特別支援教育に関する一定の知識・技能を有しており、特に発達障害に関しての知識を持っていなければならない。そして、学級担任は子どもの自己理解を高め自尊感情を上げる、互いに人の違いを認め合うことを重視し、どの子も自信をもって楽しく学校生活が送ることできるようにすることである。

2 通常の学級における合理的配慮

　小・中学校には多様な支援の場が用意されているが、まず取り組まなければならないのは通常の学級においてである。現在、すべての学校・すべての学級で特別支援教育を取り組むことが求められている。

筆者が医療現場で相談していたADHDのある小学３年生男児の学校での取組から、通常の学級における合理的配慮の在り方について考えたい。彼はADHDの診断を受け薬物治療を受けている。読む・書く・計算する力が弱く、不注意傾向が強いため、どの学習においても時間がかかってしまう。持ち物がそろわず学習にとりかかれないことが多く、板書にも時間がかかる。友達とのトラブルの際は、カッとなり泣き出したりして感情のコントロールが難しい状況であった。まず担任は、学級集団においては、毎時間の学習目標を明確に児童に見えるかたちにして、一人ひとりが目標に向かって学習に取り組めるようにした。また、児童の興味・関心をひきつける教材・教具を準備し、授業に集中できる場面を作った。「見て分かる」という視覚化にも努めた。１時間の学習の中で、全員のノートやプリントを一回は見て回れるようにしていった。彼に対しては、気持ちが落ち着くように担任の側で学習する、授業が始まるまでに必要なものを用意し鉛筆も削るようにした。さりげなく側に行き読むところを指で教えたり、一緒に読む。書いた部分を評価する、側で声をかけるなど気づいたときに支援をした。板書では、行間・空白をきちんととり、語の途中での改行はしないようにした。黒板を半分に区切って、半分は消さずに残しておく、書き終わったのが確認できてから消すという配慮も行った。彼の書くことへの負担を少なくするために、マス目の大きいノートやワークシートを使った。筆者の病院では、薬物治療と母親へのカウンセリングを行った。学級での支援と投薬、母親へカウンセリング等から、彼は約束が守れる・宿題を自分からしようとする、整理整頓ができる・字がきれいになる・家の手伝いを忘れずする・失敗してもめげない・人に対して気遣いができる等の変化みられるようになった。

　以上のように、支援の必要な子どもを含めて、学級全体の中でいかに個を育てていくかが重要である。子どもたちは、一人ひとりが大切にされる個としての存在であり、集団を構成する存在でもある。集団の中で、子ども同士が互いに認め合いながら、周りから必要とされる存在、学級に貢献できる存在であることが大切なのである。支援を必要とする個々の子どもへの合理的配慮は、学級づくりと授業づくりがしっかりと機能している学級においてこそ、支援の効果はあがるのである。そのことを学級担任は、しっかりと自覚することが求められる。

3　校内の体制の在り方

　特別支援教育は各学級においての取組だけではなく、学校全体として取り組

むことが求められている。園・学校においては、どのような体制を整えていけばいいのだろうか。まず、担任を支える仕組みを作ることである。担任の子どもへの気づきの共有化と、その子どもへの支援の在り方と保護者対応のシステム化である。しかし、支援を必要とする子どもの人数が多く、全ての学校が同じ支援体制を作れる状況ではない。子どもの数が減少しているにもかかわらず、支援の必要な子どもの数はここ10年で2倍になっている。そのため、学校が取り組むべきことは、通常の学級の安定化である。居心地がよく、全ての子どもが「わかる・できる授業」に取り組んでいるクラスは、発達障害を含む支援の必要な子どもも落ち着いていくのである。集団の中での支援と、取り出し指導や通級による指導の個別支援とのバランスを考えていくのである。

　筆者が学校コンサルテーションにより、学校全体で取り組んだ小学校の取組を紹介したい。学校長のリーダーシップがうまく働き、教職員間のコミュニケーションが積極的にされている学校である。校長は、若い教員が多く、自信のなさを感じながら仕事をしているが、みんなでやろうとする気持ちの強い教師集団であると感じている。子どもの困り感や情報を教員全員で共有し、特別支援教育コーディネーターを中心に推進している。教員側も管理職は相談しやすく、頼れる人と感じていた。単級の学校ではあるが、支援を必要とする児童は20％在籍し、難しい保護者への対応は校長が中心に取り組んだ。特別支援教育コーディネーターを中心に、筆者のコンサルテーションをうまく活用しながら、個への支援と学級集団の在り方のバランスを考えていったのである。つまり、学級経営と授業改善への取組である。個への支援は、子どもの実態把握から物理的な環境要因と人的な環境要因を把握し支援の内容を検討した。定期的に保護者面談を行い、家庭での状況を把握していった。その際、筆者も面談の中に入り、学校・保護者と共に、目の前の子どものことについて考えていったのである。薬物療法による直接支援、教師の児童への関り、学級集団対応支援、保護者への支援等の包括的な支援が子どもの変容をもたらしたと考えられる。あわせて、学級の安定と担任の適切な対応が、対象児童だけではなく他の配慮を必要とする児童にもプラスの効果をもたらしていったのである。

　学校では、「チーム支援」での取組が提案されている。小学校では、学級担任中心から学年団・学年部を中心にした「チーム支援」で取り組み、高学年では教科担任制の一部導入も考えてみてはどうだろうか。中学校では、学年主任を中心に学年団で生徒と関わる、教科の枠を超えて教科指導を考え、集団支援と個別支援にあたることも考えられる。障害に関する専門性も必要ではあるが、

目の前にいる児童生徒から支援を考えていくプロセスを現場の教員がもっと実感しないと、子どもたちにあった支援はできない。学校コンサルテーションが叫ばれて久しいが、もっと専門家の巡回相談を活用し、教員自身が支援の中心となっていくことが必要である。

【文献】
・安達潤:「特別な支援を崩していく支援の在り方を求めて」安達潤編著『学齢期の理解と支援』金子書房 2009年.
・Drotar, D., et al. 1975 The adaptation of parents to the birth of an infant with a congenital malformation: A hypothetical model. Pediatrics. 56.
・藤井茂樹・小林倫代・植木田潤:「環境アセスメントとADHD －学校アセスメントとADHD児支援の検討－」びわこ学院大学・びわこ学院大学短期大学部研究紀要第7号 2015年.
・藤井茂樹・横尾俊:「インクルーシブ教育システムにおいて保護者が学校・教育委員会に望む対応」びわこ学院大学・びわこ学院大学短期大学部研究紀要第10号 2019年.
・小山正:「発達心理学」 培風館 1999年.
・文部科学省:「通常の学級に在籍する特別な教育的支援を必要とする児童生徒に関する全国実態調査」2012年.

第5章 巡回相談を通した学校と担任への支援

巡回相談を進めていくポイント

 「障害者基本法」「障害者の権利に関する条約」「障害を理由とする差別解消法」等、法の整備が進み、共生社会の形成が求められている。教育においても障害の有無に関わらず「共に学び、共に育ち、共に生きる」インクルーシブ教育が推進されると共に、通常学級に在籍する障害のある子ども一人ひとりの教育的ニーズを把握し、合理的配慮の提供を行いながら適切な指導・支援をしていくとされた。

 平成29年3月に公示された小・中学校学習指導要領では、通常学級に発達障害の可能性のある子どもが在籍することを前提として、指導の工夫をしていくことが求められている。各自治体の教育委員会では、子どものニーズに応じた教育を進めるための様々な取組が進められている。

 そのひとつが巡回相談である。巡回相談には、各自治体の教育委員会が実施している相談、特別支援学校の「センター的機能」として実施している相談、福祉局の障害児等療育施設による相談等が挙げられる。

 巡回する担当者は専門職であり、臨床心理士、作業療法士、言語聴覚士、スクールカウンセラー、スクールソーシャルワーカー、家庭児童相談員、医師、特別支援学校の地域支援担当教員などである。

 教育委員会は幼稚園、小学校、中学校、高等学校への巡回相談を実施している。本章では、巡回相談を円滑に進めていくためのポイントについて、小学校を取り上げて述べる。

1 学校への巡回相談の目的

 巡回相談の目的は、支援を要する子どもの担任を含めた教員や校長・教頭等管理職への助言をし、学校が主体的に子どもの課題を理解し、合理的配慮を提供できることを支援するものである。巡回相談担当者が結論を述べたり、方法を指示したりするものではない。まずは、学校、特別支援教育コーディネーター（以下コーディネーター）、担任教員の話をよく聞き、相談の主訴を明確にすることから始める。そのときに、教員、学校のこれまでの取組のよい点を認めることで、教員が元気を得て、課題を解決していけるような相談が望ましい。

2　巡回相談の流れ

巡回相談は学校から教育委員会への申し込みで始まる。その後、図1のように、申し込みから人数・資料の確認、日程調整、そして学校訪問という経過をたどる。学校訪問では授業観察、協議・助言を行う。それぞれの段階において押さえるべきポイントについて述べる（図1は筆者が行っている巡回相談の流れを図にしたものである）。

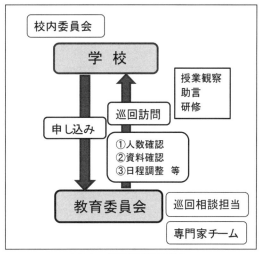

図1　巡回相談の流れ

(1) 申し込み

各教育委員会には巡回相談の所定の申込書が準備されている。その用紙に対象の子どもの「障害の状況、学校生活の様子、相談したい内容」を学校が記載し、申し込む。

1) 相談申し込み人数の確認

相談申し込み人数は通常、数人程度である。しかし、10人以上の人数が申し込まれる場合がある。申し込み人数が多くなると、複数の学年・学級を短時間で回ることになる。1教室を数分で観察して次の教室に行くという日程では、子どもの様子を十分観察することができず、的確な助言をすることは難しい。多人数の申し込みがある場合は、事前に学校に人数の調整をしてもらうことが必要である。一方、学校側は「気になる子どもをできるだけ多く申し込んで助言をもらいたい」と考えがちである。しかし、大切なことは一人ひとりの子どもの課題を学校が検討することである。検討したうえで申し込むという手順を踏むことが、校内支援システムを確立するために求められる。そのため、再度校内委員会で対象となる子どもの実態と支援方法を検討し、巡回相談にあげる人数を絞るように伝える。

2) 提出資料の確認

申込書のほかに必要な提出資料としては、「個別の教育支援計画」「個別の指

導計画」がある。これらの資料は、巡回訪問前に「子どもの実態、保護者・本人の願い、支援の方向、指導目標、合理的配慮等」を把握するために必要な資料である。しかし、通常学級に在籍する子どもの相談の場合、これらの資料を作成していない場合がある。そのときは、「児童・生徒理解に関するチェック・リスト」（文部科学省）等、子どもの様子がわかるような資料を提出してもらう。

3）日程調整

　学校が巡回を希望する日時は申込書に記入して提出される。巡回の時間帯は午前か午後のどちらかになる。午前の場合、授業観察、協議・助言で約2時間30分、午後の場合は約3時間30分の予定となる。協議・助言の場に管理職、コーディネーターが出席できるように調整されているかを確認しておく。また、午前の巡回を希望する学校の中には、担任が授業中で協議に出席できないことがある。このような場合は、コーディネーターが、担任に代わって子どもの情報を報告できるように依頼しておくことが必要である。午後の巡回では、協議の後、校内研修会を希望する学校もある。その場合は、コーディネーターと事前に打ち合わせをし、これまでの校内研修会の実施状況、支援を要する子どもの実態把握やその子ども理解が学校全体で共有できているか、校内委員会の実施状況等を聞き、校内の支援体制がさらに進むような形で研修を準備する。

　学校からの申し込み後、図1の①から③までの内容を確認した後、巡回担当者が決められる。学校の相談の主訴に応じて、求められる専門性が心理・社会面等であれば臨床心理士が担当する。生活・学習動作、環境調整等であれば作業療法士、身体機能や運動、動作、姿勢保持等であれば理学療法士、ことばの発達やコミュニケーション等であれば言語聴覚士、緊急性が高いものや保護者への対応等については指導主事が訪問することが多い。相談内容によって、複数の相談担当者が訪問したり、専門家チーム（医師、大学教員等）が訪問したりすることもある。自治体によって巡回相談担当者の職種や人数に違いはあるが、可能な限り相談ニーズに応じた巡回相談担当者を派遣したい。

（2）巡回訪問（授業観察、協議・助言、研修）

　申込みの手続きが完了し、巡回の日程が決まれば、学校訪問となる。
　学校に到着後、管理職、コーディネーターと今日の巡回について打ち合わせをする。授業観察のスケジュール表（授業時刻、観察する教室、教科と授業の単元名等が書かれた表）と座席表を提出してもらう。場合によっては対象の子

どもが申し込み時と変わっている場合があるので、観察する子どもの名前や学級を確認する。また、授業観察後の助言・協議の場所や出席者も確認しておくことが必要である。

1）授業観察
① 対象の子どもの観察

対象の子どもの観察内容には表1のような項目が考えられる。授業内容によって観察できない項目もあるが、子どもの様

表1　子どもの観察項目

授業準備 机上	教科書、ノート、筆箱など必要な物が出ている	
引出し、棚	整理されている、物が所定の場所に置かれている	
姿　勢	よい姿勢（座位）がとれている	
聞　く	話している人を見ている、黙って聞いている	
話す　発表する	挙手、指名されて発表する、声の大きさ、話す内容	
書　く	筆圧、書く速さ、消しゴムの使い方、姿勢	
読　む	音読（一斉読み・追読）で声を合わせて読んでいる	
	音読の時、正しくページを開けて読んでいる	
	逐次読みになる、文末・行飛ばしがある	
掲示物　等	絵・・・形、色使い、全体のバランス、構図、	
	人物画・・・体の各部分が描けている	
	習字・・・字形、大きさ、バランス	
	観察カード・・・描画、観察した内容	
	作文・・・内容、構文、文字表記	
	プリントファイル・・・綴じ方、プリントの内容理解度	
休み時間	友だちとの関わり方、遊びの様子、チャイムの合図	
下校準備	荷物の整理　着席して待つ	

子をチェックしておくことで、授業観察後の協議に活用できる（表1は筆者が観察時にチェックしていた項目を表にしたものである）。

　授業中、周りの子どもとの関係が気になる場合は、座席表にメモしておく。例えば「友人Aに話しかけることが多い」「友人Bのすることをすぐに真似する」等、記号等を活用して書いておくとよい。

　また、相談対象の子どもだけでなく、余裕があれば同じ教室の子どもたちについてもメモしておく。「姿勢が取れていない場合は〇を、私語が多い場合は□を」というように印を決めて座席表に書き込むようにする。巡回相談員が気になる子どもをチェックしておくことで、学級全体の様子を把握することができる。子どもの様子を的確に観察するためにも記録はできるだけ簡易で具体的な表現を用いるようにしたい。

② 担任の学級経営、授業観察

　授業観察においては、対象となる子どもの観察の他に、担任の授業や学級経営を見ておくことが大切である。特に観察しておきたいのは、子どもたちにとって学級が落ち着いて学べる場所、安心できる場所であるかという点である。どの子どもにとっても「わかる・できる・楽しい」というユニバーサルデザインの授業になっているのかを観察する。

　「授業に集中できず、指示しても理解できない」「何度注意をしても友だちに

表2　チェックリスト

「授業のUDモデル」チェックリスト　（20　年　　月　　日（　）　時　　分　～　　時　　分			
(　　　　　　学校)　(　　)年(　　)組 教員名(　　　　　　　　)　教科(　　　　　　)			
子どもの様子	□私語（有・少し・無）　□立ち歩き（有・少し・無）　□児童間トラブル（有・少し・無）		
1．授業構成	(　)	①	授業の目標を示す（めあてを視覚的に提示する）。
	(　)	②	授業のスケジュールを示す。
	(　)	③	課題の合格ライン（どこまでできればOKか）を示す。
	(　)	④	1時間の授業に、「聞く」「作業する」「話し合う」など、3つくらいの学習活動を入れる。
2．授業行動			
（1）説明・指示	(　)	①	子どもたちが静かになってから話す。
	(　)	②	説明・指示するときは子どもの手を止めてから話す。
	(　)	③	話の一文は短い。
	(　)	④	教室の子どもたち全員に視線を向けて話す。
	(　)	⑤	指示した内容を子どもたちができたかを確認し次に移る。
	(　)	⑥	大切なところは2回言う、復唱させる。
	(　)	⑦	話とともに視覚的支援をする。
	(　)	⑧	作業等の手本を示す。
	(　)	⑨	授業中の課題の活動時間・終了時間を示す。
（2）板書	(　)	①	板書計画を「あらかじめ立てている。
	(　)	②	授業の振り返りができる板書をする
（3）立ち位置	(　)	①	子どもたちから見えやすい位置、子どもたちが見やすい位置になる。
	(　)	②	子どものたちが板書を見やすい位置に立つ。
	(　)	③	話をしているときは一カ所に立って（動かないで）話す。
（4）評価	(　)	①	机間巡視をする。
	(　)	②	よい意見・行動があれば、すぐにほめる。
	(　)	③	授業の最後に振り返り（シートに記入など）をする。
3．授業ルール	(　)	①	授業前に学習に必要なものを机上に準備させる。不必要なものは片づけさせる。
	(　)	②	チャイムで着席させる。
	(　)	③	発言するときは、挙手（ハンドサイン、指名されてたら返事をして発言）させる。
	(　)	④	姿勢のとり方を意識（足裏「ペタ」お腹は「グー」背中は「ピン」）させる。
	(　)	⑤	話を聞くときは、話している人に体を向け、顔を見させる。
	(　)	⑥	授業の始まり、終わりの挨拶をさせる。
4．教室環境	(　)	①	刺激の調整□視覚（黒板周囲をすっきりさせるなど）□聴覚（椅子にテニスボールを装用しノイズを低減するなど）
	(　)	②	ルール表（授業ルール、遊びルール、係り活動など）の掲示がある。
	(　)	③	理解を助ける掲示物（ヒントカードなど）がある。
	(　)	④	黒板周囲、教卓周辺、棚の上、学級文庫などが整理整頓されている。
	(　)	⑤	教卓上の提出物・配付物を入れる場所が決められている。
	(　)	⑥	子どもの私物の管理（カバン、水筒、体操服などの置き場所）が決められている。

森田安徳　「授業のUDモデル」チェックリスト　一部項目追加

手が出てしまう」等の相談の中には、子どもの示している問題が教員の日々の授業や対応から生じていると思われることがある。授業観察時の担任の授業や指導の工夫を表2『「授業のUDモデル」チェックリスト』等を用いて確認したい。チェックリストの項目は次の4つに分かれている。

1　授業構成…子どもがその授業の目標を理解し、何をどうするのかの見通しを持ち、学習に取り組めるようになっているか、また、子どもが興味を持って

取り組めるように学習活動を多様に組み合わせているかを観察する。
2　授業行動…授業中の教員の行動を「説明・指示」「板書」「立ち位置」「評価」の4つの観点から観察する。子どもにとってわかりやすい授業となっているかどうかのポイントを観察する。
3　授業ルール…授業のはじめと終わりの挨拶、授業中に用いられるルール（発言時のハンドサイン、声の大きさ等）、遊び時間から授業への切り替えの様子を観察する。
4　教室環境…掲示物、教室や子どもの私物の整理方法等の工夫を観察する。

2）協議・助言

授業観察が終わると、協議・助言に移る。はじめに述べたが、巡回相談の目的は相談担当者からの一方的な助言に終わるのではなく、相談者である教員や学校が主体的に解決していくことを支援することである。

授業観察後の協議時のポイントは図2の①②である。まず、子どもの実態を整理し、次に支援目標と方法を考える。また、巡回相談後、学校が子どもの目標や支援方法を個別の教育支援計画、個別の指導計画に記入し、取り組んでいけるような協議にしていく。

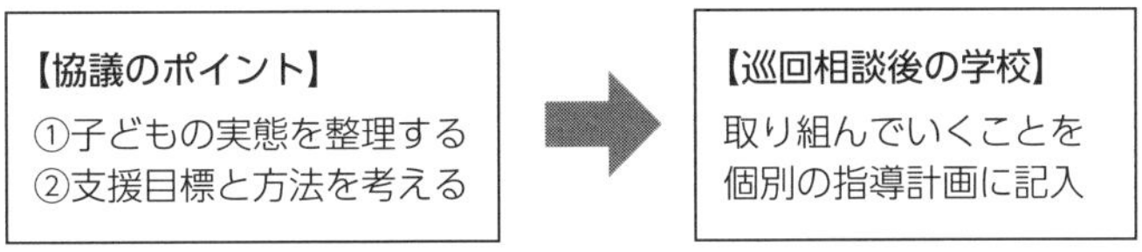

【協議のポイント】
①子どもの実態を整理する
②支援目標と方法を考える

➡

【巡回相談後の学校】
取り組んでいくことを個別の指導計画に記入

図2　協議時のポイント

① 子どもの実態を整理する

子どもの実態は、学校から申し込み時に提出された「個別の教育支援計画」「個別の指導計画」に書かれてある。協議ではそれを基にし、併せて担任から話を聞くことで子どもの実態を明確にしていく。支援の方向を検討するときには、授業観察だけではわからない子どもの様子が欠かせない。担任が把握している子どもの学習の習熟状況や行動の様子を聞き出すことが大切である。

例えば学習面の相談の場合、「ひらがなの読み書きができない」と記述されていることがある。このように「〇〇ができない」という記述があると、相談担当者は「子どもはどのようにできていないのか」を聞くようにする。例えば次のようなやりとりになる（相談担当者は担当と表記）。
担当「子どもはひらがなを読むときはどのように読んでいるのですか。」

担任「単語をまとまりとして読めず、1文字ずつ読んでいます。」「促音は『っ』を『つ』と読みます。例えば『はっぱ』を『はつぱ』のように読みます。」
担当「では、ひらがなを書くときの様子はどうですか。」
担任「板書を写すときは時間がかかりますが、間違わずに書き写しています。」
担当「視写はできるのですね。では、聴写、聞いて書く場合はどうですか。」
担任「私がゆっくり話すと書きとれます。でも、促音は『はっぱ』聞くと『はぱ』と書いています。」

このように質問することで、子どものひらがなの読み書きの実態が次第に明らかになっていく。はじめの「ひらがなの読み書きができない」という漠然とした実態から「ひらがなの読みは一字ずつなら読めるが、促音は『っ』を『つ』と読む」「ひらがなの視写はできる。聴写はゆっくり話されると書きとれるが、促音は『っ』が抜け『はっぱ』は『はぱ』と書く」というように子どものできる部分とできない部分を明らかにすることで課題が具体的になる。

② 支援目標と方法を考える

子どもの実態が整理され、課題が明確になれば、その子どもへの取組を協議する。まず、学期末まで等の一定期間における具体的な目標について話し合う。これが子どもの短期目標である。短期目標が子どもにとって達成可能な目標になっているのかが大きなポイントとなる。前述の子どもの場合、「ひらがなを単語のまとまりで読む」「促音を含む単語を読む」等が当面達成可能な目標として考えられる。目標が複数ある場合、どの目標を優先するかは、子どもの実態・支援体制等を考慮して決める。

短期目標が決まれば具体的な配慮や支援方法を協議する。「ひらがなを単語のまとまりで読む」という目標では「2文字のひらがなで書かれた単語から始め、2文字をまとめて読ませる」「文中の単語のまとまりごとにスラッシュを入れておく」等の配慮や支援が考えられる。促音の読みの目標については「促音の入った単語の文字カードを読ませるときには、単語の絵カードを見せてから読ませる」「はっぱの絵カードを見せてから、『はっぱ』『はつぱ』の文字カードを提示し、正しい読みのカードを選ばせる」等が考えられる。

支援方法を考える際には、「いつ、誰が、どのように」支援をするのかも併せて協議する。担任だけではなく、校内の人的リソース（支援サポーター、介助員、ボランティア）の活用や、家庭で取り組んでもらうことも考えられる。

また、協議の最後には、話し合った内容を個別の指導計画に記入する、学期末には子どもの目標や支援が有効であったかどうかを評価するように助言して

おく。これは、子どもへの指導を Plan（計画）→ Do（実行）→ Check（評価）→ Act（改善）という流れで取り組むことの実践である。

　巡回相談担当者は子どもの課題について、考えられる原因や目標、支援方法について助言をするが、専門的なアセスメントや支援が必要だと思われる場合はそのことを学校に伝え、必要な関係機関の情報提供をしていく。

　こうして、1回の巡回相談は終わる。相談後、学校からの要望で再度学校訪問を行う場合がある。その際には前回の巡回時の記録をもとに、子どもの変化や助言内容が適切であったかどうかを確認する。

2 校内での共通理解が進んだ学校の事例

　小学校の巡回相談において、子どもの行動理解と支援方法について助言をした。相談後、助言を受けた担任（A教員）に加えて、協議に同席していたB教員が助言に基づいて子どもへの支援を行い、子どもの行動が変わる様子が見られた。コーディネーターは、二人の取組の成果を全教職員に伝える研修会を実施した。その結果、校内で子どもの行動への理解や支援方法について共通理解が進んだ例を紹介する。

1　A教員の相談と授業観察の様子

　小学2年の通常学級在籍の発達障害のある子どもについての相談があった。担任のA教員からの相談は「子どもが休み時間に友だちと遊んでいて、自分が負けたり、思いが通らなかったりすると、友だちを叩いてしまう。注意すると謝ることはできるが、同じことを繰り返す。どう指導すればよいかアドバイスがほしい」という相談内容であった。

　通常学級での授業観察では、離席はないが、他の子どもの筆箱や鉛筆を触ったりする等、授業に集中しにくい様子が見られた。授業中、他の子どもとのトラブルは見られなかった。

2　授業観察後の協議の内容

　授業観察後の協議で、A教員から「子どもが友だちを叩いたときにA教員がしている対応」についての話を聞くことができた。A教員の対応は次の①〜③であった。

① 本人と友だちを呼び、両者の言い分を聞く。
② なぜ友だちを叩いたのかを聞くと、「負けたから…」と答えるときもあるが、答えないときもある。
③ 「人を叩くのはだめ。これからは気をつけるよ、わかった？」と言うと、子どもは「わかった」と言う。その後、二人に仲直りをさせている。しかし、また同じことを繰り返すので、どう指導すればよいのか分からない。

　相談担当者が助言したことは次の①〜④である。

① 子どもの行動の問題にはきっかけとなる原因がある。どのようなときに友だちを叩いてしまうのかを調べてみる（いつ、どんなときに、どのような理由で）。
② 問題となる行動が起きるきっかけが分かれば、その行動が起きにくいように「きっかけとなる状況」を変えてみる。
③ 担任から注意を受けて、人を叩くのはだめだと子どもは分かった。しかし、叩くかわりにどう行動すればよかったのかが分からないままである。したがって同様の場面になると、叩く以外の手段を持たないため叩いてしまうと思われる。友だちを「叩く行動に替わる行動」をいくつか考え、その中から適切な行動を選択させることが大切である。例えば「叩く」という行動の替わりに、「負けてくやしい」「残念」「腹が立つ」「もう一回したい」等、「友だちにことばで言う」という適切な行動のレパートリーを子どもと一緒に考え、ロールプレイをさせる。
④ 一方、叩かざるを得なかったくやしい気持ちは共感しつつ、叩かれた相手の気持ちを説明することが必要である。そのとき、コミック会話（キャロルグレイ）等を用いると子どもは理解しやすくなる。

このように「友だちを叩く」という子どもの行動に対し、「叩く替わりの行動」に替えていく方法を述べ、最後に「できることからまず取り組んでみる」と話し、巡回相談を終えた。

3　再度の相談

後日、学校から再度、巡回相談の申し込みが入った。コーディネーターとの話の中で、前回の巡回相談後の校内の様子を聞くことができた。A教員からは、子どもの「遊びで負けたときに友だちを叩く」行動を、「勝つときもある。負けるときもある。負けても叩かずに『くやしい！』と言おう」と、コミック会話を用いて指導したところ、子どもが理解することができ、負けたときでも相手を叩かずに、「くやしい！」と言う場面が見られるようになってきた、との報告があった。

また、前回の協議に同席して助言を聞いていたB教員が、担任している発達障害のある子どもに対して、コミック会話を用いて指導をしていると、コーディネーターから聞くことができた。B教員が担任している子どもは、他の子どものことが気になると突然立って見に行くため、授業中離席が多く、また、指名

されるまで大声で「ハイ」「ハイ」と挙手し続け、他の子どもが発言している間もそれが続く、当てられないときには怒って泣き叫ぶ行動があるということだった。

コーディネーターから、次回の巡回相談について、二つの依頼があった。一つ目はB教員の担任する子どもの授業観察を行い、その後協議を持つことである。また、二つ目は、教員が全員参加して協議を行いたいということであった。

4　B教員の授業観察と協議の様子

2回目の巡回相談はB教員の学級を授業観察した。

巡回担当が教室に入ると、その子どもはすぐに離席し、近づいてこようとした。そのときに、横で指導していたC教員がスケッチブックを開いて見せると、子どもは立つのをやめて着席した。その後も子どもが立とうとしたときに、C教員がスケッチブックを見せたり、子どもが自分で開いて見たりする様子が見られた。スケッチブックはコミック会話用に用意されているもので、描かれていたのは図3である。

授業観察後の協議には全校の教員が参加した。B教員から「前回の巡回相談時の協議でコミック会話の話を聞き、担当している子どもにも使えるかもしれないと思った。実際に取り組んでみたら離席が減り、指名されるまで『ハイ！ハイ！』と言い続けることも減ってきた」という報告があった。何枚かのコミック会話をスクリーンに映し、子どもとのやり取りの説明があった。実際のスケッチブックも参加者に回覧された。そして、「他の学級にも発達障害のある子どもがいる。行動面の対応に苦慮することも多く、そのような場面で使うことができると思う」という話があった。回覧されたスケッチブックのコミック会話を見た他の教員から「これなら、できそう」という声も聞かれた。

相談担当からは、①子どもに対しては、ことばで説明するだけではなく、視覚的に説明するとわかりやすい、②友だちとのやりとり

図3　コミック会話の例

を書くだけではなく、どう言えばよかったのかを書き残しておく、③日付を入れて書き残しておくと、子ども自身が行動を振りかえるときに使える、④コミック会話は聴覚的な情報処理が苦手な子どもに有効であるが、他の子どもにもわかりやすい方法である、等についてあらためて説明した。

　前回の巡回相談時に助言した支援方法を用いて教員が指導を行い、子どもが変わってきた。そして、他の教員が同様の支援方法で取り組み、子どもの行動が落ち着いてきた。コーディネーターは、このような教員の自主的な取組を校内で共有し、子どもたちへの支援につなげるために全教員参加の協議を計画した。子どもが変化し、成長していくことを実感したA・B教員の報告を聞き、今後も校内で子どもの行動理解と支援についての理解が進んでいくと感じた学校である。

5　おわりに

　巡回相談の進め方のポイントについて述べてきた。

　巡回相談は担当の教員に助言することはもちろんであるが、助言された支援方法を校内で共有し、学校全体での支援としていくことが大切である。

　学校では校内委員会が設置され、校長はコーディネーターを指名しているが、システムとしてうまく機能しているのかを見直していく視点が必要である。

　巡回相談は子どもへの支援方法の助言に加えて、校内の支援システムへの助言がその役割であると言える。

　一方、巡回相談担当者の専門性から考えると、臨床心理士、作業療法士、理学療法士、言語聴覚士が学校の支援システムへの助言をするのは難しいと言える。したがって各学校の支援システムの把握やその助言内容については、教育委員会担当者と連携のうえで進めていくことが求められる。

【文献】
・キャロル・グレイ　門眞一郎訳：「コミック会話」明石書店　2004年.
・森田安徳：「ユニバーサルデザインの授業」大阪市教育委員会研修資料　2018年.

第6章 センター的機能を活用した地域支援の実際

特別支援教育コーディネーターの組織的育成 ～校内支援体制の構築～

1　インクルーシブ教育を進める特別支援教育コーディネーターの役割

　人々の多様な在り方を相互に認め合える全員参加型の社会、すなわち「共生社会」の実現に向けたインクルーシブ教育システムを構築するために、特別支援教育を着実に進めていくことが重要である。そして、各校にて、この特別支援教育を推進する核となるのが、特別支援教育コーディネーターである。

　特別支援教育コーディネーターは担任の先生と連携し、子どもの実態を把握し、個人に必要とされる合理的配慮を提供するために、学校内及び保護者との協力体制を構築するだけでなく、学校外の関係機関との連携・協力の中心的な役割を果たすことが求められている。しかし、各地域、各校において、特別支援教育コーディネーターの育成が大きな課題となっている。国、都道府県、各地域においても、様々な特別支援教育コーディネーター研修等も行われ、専門性やコーディネーション力を養成しているが、各校における特別支援教育コーディネーターの育成や組織的体制にはまだまだ大きな課題があるのではないか。

　特別支援教育コーディネーターは、幼稚園から小・中学校、高校まで、発達障害など個々に様々な特性がある子どもに応じた支援体制を整える役割が与えられている。しかし、現状では、特別支援学級の担任など他の職務を兼ねつつ、役割を果たすことが一般的である。位置づけとして養護教諭やスクールカウンセラーとは、大きく異なっている。

　文部科学省の平成29年度の調査状況では、幼保連携型認定こども園を含め、公立の場合、幼稚園から高校までのうち、特別支援教育コーディネーターを置いている割合はほぼ100％である。

　しかし国公私立の小学校の特別支援教育コーディネーターの状況として、49.5％が特別支援学級の担任で、16.4％は通常学級の担任である。他に7.6％が養護教諭、教頭・副校長が務めていた学校も6.0％あった。

　中学校も似たような兼務状況にあり、47.1％が特別支援学級の担任である。高校は、特別支援学級がないため、21.1％が通常学級の担任、29.8％が副担任、16.0％が養護教諭である。

　また国公私立の幼小中高認定こども園合計の特別支援教育コーディネーター

の指名人数として 73.5%が 1 名、17.4%が 2 名、9.2%が 3 名以上であった。

　特別支援教育の対象の児童生徒数は増加の一方で、特別支援教育コーディネーターが、多様化・複雑化する様々な課題にも対応していかねばならない。各学校では、特別支援教育コーディネーターが各校に必ず 1 人は配置されている。しかし、現状として、特別支援教育コーディネーターが学級担任を併任しながら、校内の支援が必要な子どもたちの調整役をすることになるケースが多い状況にある。コーディネーターの業務としては、特別支援教育に係る校内委員会の開催、保護者の相談窓口、校内外をつなぐ関係機関とのネットワークづくりなど、非常に重要な役目を果たすことになる。そのような理由から、校内の支援体制で非常に大事な役目を果たす特別支援教育コーディネーターを専任化、もしくはコーディネーター業務がしやすいようにサポートできる仕組みをさらに推進していく必要がある。

　各地域や各校の実情にもよるが、個別なニーズに対応し、より有効な校内委員会の運営等を行い、支援を共有する上でも、特別支援教育コーディネーターが複数配置され、主たる職務として専任的に特別支援教育コーディネーターの役割を担うことができる等、各学校においてさらなる一定の配慮が期待される。

　特別支援教育コーディネーターの専任化に向けた動きとして、安倍晋三首相出席の下、平成 28 年 5 月の教育再生実行会議でも、「特別支援教育関係の専門スタッフとの連絡調整や校内委員会の企画・運営等を行う教師（特別支援教育コーディネーター）の専任化など学校での教育体制を一層充実する」との施策が出された。特別支援教育コーディネーターとしての業務に専念しやすい体制や特別支援教育コーディネーターを支援する策が今後も求められる。

2　みくまの支援学校における特別支援教育コーディネーターを支える校内支援体制の構築

（1）学校の概要

　和歌山県立みくまの支援学校は和歌山県新宮市にある山と海に囲まれた本州最南端の小学部、中学部、高等部の設置されている知的・肢体併置の特別支援学校である。地理的には和歌山県南東部、三重県との県境に位置し、校区も新宮市、田辺市本宮町、北山村、東牟婁郡各町の 2 市 4 町 1 村から児童生徒が通学している。

　本校では、児童生徒の状況等に対応させながら、長年にわたり、新宮・東牟

妻地方唯一の特別支援学校として、関係機関と連携しながら、特別支援教育のセンター的な役割を果たしてきた。

共生社会を形成し、インクルーシブ教育システムを構築するためには特別支援教育を着実に進めていく必要がある。そのためにもインクルーシブ教育システムとは何かを学校現場の中で常に問い続ける必要がある。

多様な在り方を相互に認め合える全員参加型の社会である共生社会を実現し、障害のある者とない者が共に学ぶ機会が保障されること、インクルーシブ教育システムを地域や校内外で具体的に構築し、充実していくためには、その道しるべとなる特別支援教育コーディネーターをどう育成していくかが学校現場における大きな課題のひとつであった。

インクルーシブ教育システムを推進していくために、校内支援体制を構築し、特別支援学校のセンター的機能の核となる、より専門性の高い特別支援教育コーディネーターを組織的に育成していくことが求められていた。

（2） 本校における特別支援教育コーディネーターの組織的育成

本校における特別支援学校のセンター的役割として、特別支援教育コーディネーター（以下、コーディネーター）が保護者、保健師、地域の小・中・高等学校教員、関係機関等と連携しながら、教育相談（来校）や巡回相談（派遣）を実施している。また地域の特別支援教育コーディネーター連絡協議会や、研修会、教育相談会、学校見学会、体験入学を行うなど、特別なニーズのある幼児児童生徒の支援の充実を図ってきた。

しかし、長年、コーディネーターが地域支援の中心的役割を担ってきたが、個人的に業務が偏り、負担の過多により、将来にわたって多様なニーズに対応できる専門性の維持や向上が課題となってきている。

このことから、他機関と一層の連携を図りながら相談活動を行うことや、校内においてもチームで地域支援に取り組み、支援体制を維持していくことが組織と

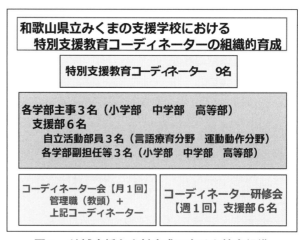

図1　地域支援と人材育成に向けた校内組織

して必要と考えられ、平成28年度よりコーディネーター長を中心とする「コーディネーター会」を校内組織として設置し、チームとしての組織的な地域支援と人材育成に移行した。

メンバー構成として各小中高等部の各学部主事3名、支援部6名（各学部より副担任等3名、自立活動担当部員3名）の計9名が校内の特別支援教育コーディネーターとして任命されている（図1参照）。

コーディネーターがチームで力を発揮できるよう、各業務を見直し、研修や会議の時間を確保した。定期的な会議として月1回のコーディネーター会【教頭含め計10名】と週1回のコーディネーター研修会【支援部6名（各学部副担任等3名　自立活動部員3名）】を設定し、情報共有しながら、コーディネーターの組織的運営と推進を図っている。

コーディネーター会に管理職が入ることで、特別支援教育コーディネーターの組織的醸成の視点で、校内外への支援や業務の管理・運営に携われ、現在各校で課題となっている組織的に進める特別支援教育の推進に現実的に関わることができ、特別支援学校のセンター的機能の充実という学校としての重点的な方向性に沿った環境設定ができる。

但しコーディネーター会において管理職の役割は管理職業務の過多にならぬ程度に業務の調整やコーディネーターからの相談に徹し、教育相談業務や巡回相談業務等の実動はコーディネーター長が中心となるコーディネーター研修会において運営を行うように役割分担している。

コーディネーター研修会は週1回、金曜日に定期的に実施し、教育相談や巡回相談業務等における校内外の支援の共有やコーディネーター育成の研修会を行っている。

また巡回相談には原則として2名のコーディネーターが関係機関に赴き、複数体制で対応することで支援の方法を偏りなく、多面的に検討し、相談に対する支援方法を共有できるようにしている。ケースを日常的に相談できる場としても、他のコーディネーターとの情報交換やケース検討が気軽に話し合えるように自立活動の準備室等を日々、情報交流の場として活用している。

また他校に出向く巡回相談日は金曜日のみの設定とし、外部支援の日程確保、調整のしやすさを図ると共に他の曜日でも空き時間等の確保に留意し、教育相談や巡回相談等の準備やまとめができる時間を確保するように努めている。

特別支援学校のセンター的機能を充実するために、特別支援教育を推進する核となる特別支援教育コーディネーターは、多様なニーズに対応していく専門

性が問われる。多面的により有効な支援を提供するためにも複数での対応が必要となると共に次の世代の人材育成にもつながる。さらに、働き方改革が教育現場でも浸透し、業務の効率化や平準化の観点からも有効と考えられる。コーディネーターに各学部主事3名や各学部の支援部員3名（副担任等）が加わったことで、校内の実践を地域の学校に啓発でき、また地域の学校の実践を校内で活用しやすい体制となってきている。この体制を生かしながら、外部支援と校内支援の相互往還をより目指すと共に、地域の各学校が特別支援教育を組織的に推進していくために、地域の学校の特別支援コーディネーターを育成する研修会を開催し、ケース会議を効果的に機能できる方策を検討するなど、地域の学校と本校が「共に学び、高めあえる学校」を目指した地域支援の在り方、センター的機能の在り方について検討を進めている（図2参照）。

特別支援教育コーディネーターが果たす役割について理解を深め、子どもの実態把握の方法や関係機関との連携に必要となる基礎的な知識や技能の習得を図り、実践力の向上を図り、地域と共に相互往還を目指すことで、各学校における特別支援教育のさらなる充実につながることを期待する。

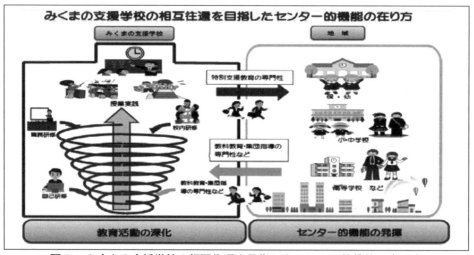

図2　みくまの支援学校の相互往還を目指したセンター的機能の在り方

（3）　特別支援教育コーディネーターとしての自立活動部の役割

本校では、学部に準ずる校内組織として自立活動部を位置づけ、専任教員3名を配置して自立活動を推進している。また自立活動部員は、支援部にも所属しており、特別支援教育コーディネーターも兼任していることから校内外において特別支援教育のセンター的取組の核でもある。

自立活動の専任教員3名は校内において、学部から希望される児童生徒の個

別の抽出の自立活動に携わる。いわゆる自立活動部が校内においても通級指導教室的な役割を担う中で自立活動の指導を行っており、校内における多様な学びの場を活用したインクルーシブ教育の推進を行っている。

みくまの支援学校では歴年、抽出の自立活動が主となり、運動動作分野と言語療育分野において、主に肢体不自由の児童生徒の運動動作面、知的障害と肢体不自由の児童生徒の言語療育分野において自立活動を通した障害のある児童生徒の自立と社会参加を目指している。

現在も抽出の自立活動が中心ではあるが、従前の学校課題として、自立活動部員が児童生徒を指導するのは抽出の自立活動の時間のみでは、教員間の意識として一任的な傾向となり、各学部や学級で実践とのつながりが薄く、般化されにくいという課題もあった。そこで自立活動の教室（運動動作学習室や言語学習室）にて、児童生徒が抽出の授業を受けるだけでなく、自立活動部員が各学部、学級に赴き、各教室において、学校の教育活動全般を通して行われる自立活動の指導及び学部・学級等で実施する自立活動の「時間における指導」にも加わる等、自立活動部員がより実際の学校生活に即した中で支援することを通して、より連携した指導に取り組んでいる。自立活動部員が各学部、各教室での授業の中で、担任と同じ場、同じ活動内容を共有することで、実態把握の観点や支援の有効性や課題等がより明確化され、教育課程全体を通じた自立活動が実践されると共に児童生徒の担任の自立活動への取組の主体性が強化された。担任と自立活動部員の連携が見える化でき、具体的な支援をより共有化できてきている。またコーディネーターでもある自立活動部員がさらに校内外の巡回相談、教育相談業務等を活用して、地域の学校における集団指導や教科指導の系統性等の外部の有効な資源も校内支援として内部へも往還する等、自立活動の指導のさらなる充実に組織的に努めている。

写真1　自立活動【言語療育分野】

写真2　自立活動【運動動作分野】

（4）個別の教育支援計画を活用した特別支援教育の推進と充実

　特別な支援を要する子どもたちには、個別の教育支援計画が必要である。継続した移行支援をスムーズに行い、その成果を引き継ぎ、一貫した支援を行い、誰もが相互に人格と個性を尊重し、支え合い、人々の多様な在り方を相互に認め合える全員参加型の社会へと送り出さなければならない。

　和歌山県では、個別の教育支援計画の様式については、従前それぞれ市町村や各学校単位等で作成してきたが、平成28年度から「つなぎ愛シート」（図3）という県の統一様式として個別の教育支援計画をすべての特別支援学校に導入すると共に、県内の特別な支援を必要とする就学前、小学校、中学校、それから高等学校、卒業後の子どもたちの移行支援に関しても順次導入し、連続性を大切にしている。同じ様式の中で、障害のある子どもたちの移行支援について、保護者と共に重点課題を話し合い、支援を共有する中でスムーズな移行支援につながってきている。本校においても特別支援教育コーディネーターの相談業務等における有効な活用ツールともなっており、障害のある子どもたちが豊かな学校生活や社会生活を送るための支援内容や配慮事項について支援の履歴となり、進級や進学、転学時等においても丁寧に引き継げる資料となっている。

図3　つなぎ愛シート

3　今後へ向けて

　社会の歴史から障害のある人たちが、社会参加等の機会が奪われて、「排除」が行われてきた反省に立ち、国連で採択された障害者権利条約第24条にも誰でも「生涯にわたって」「地域社会の

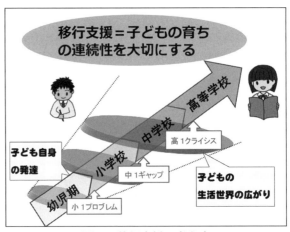

図4　移行支援の考え方

中で」インクルーシブ教育システムを受ける権利が明記されている。

　学校現場では、今後、新学習指導要領の核である「社会に開かれた教育課程」の実現へ向け、「主体的で対話的で深い学び」がある授業改善を行うことと、障害のある子どもと障害のない子どもが学びあうインクルーシブ教育システムを構築することはまさに同じベクトルを向いている。

　障害のあるなしに関わらず、教育現場の中で児童生徒が日常的に、見通しを持った活動を通して、多様な在り方を認め、主体的につながり、気づき、おりあいをつけることを学ぶことが学校現場における共生社会実現の方向ではないかと考える。そのためにも児童生徒の自立と社会参加を見据えて、多様な教育的ニーズや合理的配慮に最も的確に応える支援を提供することが、特別支援教育コーディネーターには求められる。特別支援学校がセンター的機能を発揮して、特別支援教育を着実に進展するためには、それぞれの学校、地域の資源の強み、弱みを把握しながら、管理職を中心に特別支援教育コーディネーターを支える校内支援体制を組織的に再構築し、整備することが不可欠である。

　校内外の連携の核となるのは特別支援教育コーディネーターである。各特別支援学校においても、個人的なコーディネーター業務の偏りが顕著な中、校内におけるコーディネーターの育成は喫緊の課題である。管理職を中心に校内組織の中でコーディネーターを組織的に支え、育成し、今後の特別支援学校がセンター的機能をより発揮しやすい環境設定ができるかが、インクルーシブ教育を校内外において推進する上でのポイントと考えられる。

【文献】
・文部科学省：「平成29年度特別支援教育に関する調査結果」．
・日本教育新聞　平成30年8月6日　記事．
・教育再生実行会議：「第9次提言」平成28年5月20日．
・和歌山県教育委員会：「つなぎ愛シート」平成28年．

第二部　具体的支援の実際

特別支援学校の実践を活かして小学校と授業づくりを共に行う

1　はじめに

　特別支援学校が行う教育相談の経験から、特別支援学級のほとんどの授業が通常の教育課程に則っていること、通常の学級との交流及び共同学習はその意義が知られておらず、児童に大きな負担感や不全感につながっているように思う。知的障害のある児童の物事の捉え方、理解していく道筋が理解され、どのような内容をどのような形態で学習すれば、児童の成長と発達につながるのかが実感されたら、地域の学校の特別支援教育は大きく変わるのではないかと考える。

　特別支援学校では教育課程、教員集団、様々な児童への実践経験が積み重さなり、保護者同士の支えあいもある場だからこそ、私たち担任は日々の教育活動を頑張れることができている。分かる課題から出発し、楽しみながら集団で体験していく学習の進め方で特別支援学級への実践的援助ができればと考えて地域支援の一つとして協働研究に取り組んできた。

　ここでは熊取町立Ａ小学校[1]との授業づくり研究「各教科等を合わせた指導」（2014～2017年度）を紹介する。

2　研究の概要

　大阪府立佐野支援学校[2]は、2010年９月泉南地区支援教育ブロック会議に「泉南地域の支援教育のさらなる充実をめざしてともに推進する取組」を提案、地域支援の一つの形として、授業づくり、教育課程研究を地域の学校と行ってきた。過去の研究で、集団に入れない児童、自分の良さを発揮できず行動の問題が起こっている児童に対し、特別支援学級の授業を「集団を生かした、分かる、楽しい、またやりたい」と思えるものにすることで、大変大きな良い変容が得られることを経験してきた。（明治図書『特別支援教育の授業づくり＆指導案作成ガイド』須田正信・伊丹昌一編著参照。）

　７年度にわたり計６校と協働研究を行ってきたが、週２時間の授業を改善するだけで他の授業への参加度が増し、生活場面での落ち着きが得られ、対人関

係の改善、社会性の伸びなどが顕著であった。この大きな成果に絶えず驚かされてきた。授業を分かりたい、という児童の気持ちがいかに大きいものであるか、そして児童の伸びていく力の素晴らしさを感じてきた。教員は児童のできない、分からない、つらい気持ちに敏感でありたいと思う。特別支援学校も同様であると思う。

　熊取町立A小学校との協働研究は巡回相談を機に2014年9月開始した。支援学級担任の主訴は、初めて支援学級担任になり荒れる児童をどう落ち着かせてやればよいのか、何を教えたらよいのか全く分からないというものであった。児童の授業風景を見学して特別支援学級の「特別の教育課程」[3]を試行して児童が「分かる・できた・またやりたいと思える授業をつくる」ことが必要だと感じ、そこを目指した。

注1　熊取町立A小学校は当時、全校児童数344名、特別支援学級4クラス26名の児童が在籍。多くの児童に知的な遅れがある。
注2　大阪府立佐野支援学校は、大阪府南部泉佐野市にあり、当時小・中・高等部児童生徒371名が在籍した。知的障害特別支援学校である。
注3　ここでの「特別の教育課程」とは、「知的障害特別支援学校の教育課程を取り入れた」ものである。

3　研究の実際と取組

　研究の進め方は、佐野支援学校からA小学校へ担当者が出向き、授業見学をしながら、集団を生かして取り組む体験型授業の改善と創出、「特別の教育課程」の試行を進めて意見交換と情報交換を行った。A小学校は授業案を作成し佐野支援学校へ送り、佐野支援学校は授業案を読んで、ねらいや活動量、使用教材について提案と助言をした。授業案の交換、授業後の感想や気づきの交流も学校間電子メールを活用し、こまめに意見交換ができるようにした。A小学校は2015年4月から週一回木曜日1，2限支援学級在籍児童全員が参加する授業（呼称「ひまわりタイム」）を設け体験型学習や校外の学習が可能になるように時間割を組まれた。まず「ひまわりタイム」を対象に授業づくりを行った。内容は「各教科等を合わせた指導」である。

　次表は当初見受けされた授業の課題である。

第二部　具体的支援の実際

授業改善前の「ひまわりタイム」

1　授業開始に児童が揃わない。
2　T1の話が始まっても、教員、介助員、児童の話し声が止まない。
3　エプロン、三角巾、タオルなど持たずに調理に児童がくる。なぜ持参できないのか教員が把握できていない。児童の持ち物への責任感の薄さ、服装、身なりを整えられない未熟さ、活動中の振舞いに教員の関心も薄い。
4　児童と介助員が常にペアになっており、授業に一体感がない。
5　児童への個別対応が多い。児童は介助員に頼りがち。困ったことがあっても教員や友だちに尋ねようとしない。
6　教員が準備をし、介助員が児童と活動するなど指導体制が逆転している。
7　学習内容が多すぎて、時間内に活動が終われない。
8　授業展開が複雑で児童は手順を追うことに終始。「何のためにこれをしている」のか見通せないまま活動が進む。戸惑う表情に気づけない教員。
9　児童は自分がしたら後は周囲に興味がない。友だちの様子に無関心。
10　授業の最後にやり遂げた感がない。教員は自分のクラス児童だけを指導する。児童が頑張った瞬間を見届けていない。褒めることができていない。

「ひまわりタイム」で授業改善に向けて提案したことを以下にあげる。

（1）題材設定に関して

◇児童が進んでやりたい活動、興味ある題材を見つけて設定する。

　⇒授業参加を促し、良い力を発揮させ心理的な安定を図ること、自信を育むこと。児童からやりたい活動が提案できるようになるのが理想。

「体験がある授業」「見て分かる内容」「児童の興味関心のあること」「必然性のある単元」「生活に活かせる内容」「社会に触れる内容」などが必要で、合わせて個人の各教科のねらい、自立活動の目標を意識して活動を作ること。

◇「分かってできる授業」を創る。

　⇒「やりたい」気持ちを元に、児童に学習の構えを身につけさせ、簡単な集団のルールを守れるようにする。することが分かって授業参加できるようにする。

　授業展開を簡潔にし、児童の分かる速度で進める。T1は授業を進め、T2以下は児童と同じ目線で活動をし、個への指導支援に当たる役割を確立する。

　従来行ってきた行事の練習、支援学級お楽しみ会、支援学級全体体育などは季節、行事に沿った単元として継続して取り組むがねらいの明確化、個人目標の設定、進め方や指導技術を充実させていく。地域体験を含んだ単元「コンビニで買い物をしよう。」「バスに乗って町に出かけよう。」「行きたいところ、したいことを考えよう。」では特別支援学校の実践を生かしてどのような学習内容が盛り込めるかが提案できた。「各教科等を合わせた指導」の必要性や地域に出

てみて分かる今後付けるべき力が掴めたことが大きな収穫であった。

(2) 児童の評価
　評価は「児童の頑張ろうとする姿を捉える」ことと、できるようになってきたことを記録する。振り返りの際も児童の良い姿を出し合い、交流クラス担任にもそのような良い姿を伝える。課題は授業設定や教員の課題として整理する。

(3) 適した学習内容
　「できること」「児童の主体性が発揮できる内容」「始めと終わりがはっきりしている」「できた実感があるもの」「上達が分かるもの」「試行錯誤ができるもの」「失敗してもよい内容」などである。日常生活の指導、遊びの指導も指導すべき内容として取り組んでいくこと。

(4) 指導上の留意点及び支援の手立て
　◇必ずできて達成感を持てる内容はあるか、躓く点はどこか、躓いたときどう支援するかを支援学級担任全員で出し合い、学習指導案に明記する。
　◇児童が活発に話しをし、発表ができ、質問ができる授業にする。
　◇道具は本物がよく、活動量は十分に用意、複数回の授業で繰り返し取り組む。
　◇チーム・ティーチングを定着させ、教員が児童を指導し足りないところを介助員に依頼する。

4　成果
　Ａ小学校の努力が実り特別支援学級の授業は大きく変わってきた。児童は持てる力を発揮し始めている。簡単であるが、現在の授業の姿を以下にまとめる。

改善後の授業
1　授業開始にほとんどの児童が揃い、Ｔ１が前で待つ体制が整ってきた。
2　児童、Ｔ２、Ｔ３、介助員がＴ１に注目するようになった。
3　授業に必要な準備を児童自身が理解して用意できるようになった。
4　教員を核に活動し、教員の依頼で介助員が援助するようになった。
5　体験型学習で児童は「すること」が見て分かるようになった。
6　児童同士がことばを交わし、友だちの活動に関心を持つようになった。
7　児童が揃って挨拶したり、集中して話しが聞けたり、拍手が起こったりと授業に一体感が生まれた。良い姿を見せてみんなに認めてもらいたい、という気持ちがどの児童にも育ってきた。
8　教員も介助員も児童も、笑顔で授業ができるようになった。

　次にＡ小学校支援学級担任が記録した「子どもたちの変化」の一部を上げる。私たち佐野支援学校担当者が捉えた姿を先に挙げ、枠内は挙げた実態に対して

佐野支援学校からした助言の一部である。

児童1

調理室に遅れて来て自分の役割が回ってくるまでに教室を飛び出してしまった。窓から出るなど激しい行動が見られた。運動あそびでは説明時に急に肋木に走って行き、舞台を駆け回るなどする。教員は誰も追わず注意をしない。教員の話は聞いておらず。周囲を見渡すが、状況が理解できないとすぐに集団から外れる。読み書き計算などは学年相応の学習ができる。

> 教員が隣に座ってT1の話を個別に説明する。次にすることは何かなど期待感を持たせて学習内容そのものに参加できるように支援する。

児童2

巡回相談に上がった児童。表情が乏しく、同級生も彼を刺激しないように神経を張り詰めている。好きな話題で教員に話かけるが、会話は一方的。他の児童との国語で、学習が始まりそうになるとイライラし、離席して同級生を叩く。通常の学級での授業では、今、何をしているかが分からず机にうつ伏してしまう。『行ったことのあるスーパーマーケット』を書く宿題はしてきていた。

> 心理的安定を図れる学習を増やす。畑に行く、自然に触れる、体を動かすなど自立活動に位置づけて取り組む。好むことから始めてストレスを減らす。

児童3

授業に入れず校長室、職員室、廊下で過ごすことが多かった。相応の学年の授業にはついていけないが、気を許した相手だと、知識を話したり、会話を楽しむことができる。支援学級全員の体育では、体育館の開口部で見ている。何をしているかは見て理解できているが、自分にできるかどうか自信がないように見える。

> ビデオカメラに興味がありずっと側にいる。「Bさんの番だよ。ビデオで撮ってあげるからやってみて。できると思うよ。」と軽く言うと2回目の授業でスクーターボード乗りに参加。十分に活動を見せる、役割を設けて誘うことをする。

子どもたちの変化

A小学校特別支援学級担任の記録から

①子どもたちの変化（１学期）

児童1	カレー作りのとき、始め６年生がこわいと遠くから見ていたが、分担決めのときから入る。２回目からは、最初から入ることができた。 集団への参加について、「しんどい」「休んでいいですか」と言う。 時間を決めてトランポリンやバランスボールで休憩をとる。 支援学級で勉強したら落ち着く。合わない児童との関係がなかなか好転しない。
児童2	１日に何回も怒る。気に入らないと怒る。 支援学級の３年国語スピーチの学習でひまわりタイムや６年との交流、買い物などを話す。本児の中にも印象づいている思い出がある。「友だちと一緒にできた。」⇒うれしい。笑っている時間も増えた。関わりをもってくれるとうれしい。
児童3	４月、人間関係においてもめごと有。遊び先でのトラブル。物を勝手に触る。「（支援学級）なんかくるんじゃなかった。」自分の意見を聞いてくれない、との不満がある。 自己決定の経験が少ない。自分で決めたことは守ることができるので、自分で段取りをつけていくと、折り合いがつけられる。 「大人は信用できません。」「なんでもう一回するんですか。」など言う。 活躍の場面がほしい。自分の関心との一致。伸ばすところをどんどん伸ばしたい。ひまわりタイム以外で友だちに教える場面有。

②子どもたちの変化（２学期）

児童1	集団への参加がスムーズになった。調理の時間も家庭科室から出ることはない。ひまわりタイムに積極的に参加し、支援学級での学習についても意欲的である。言葉のやりとりで指示が入るようになり、切り替えがスムーズになってきた。１年生ともよく遊んで面倒を見てくれる。待てるようになった。集中した後に疲れがでてイライラすることはある。図工でイメージ通りに行かず、パニックになった。中間をとれるようになれば、楽になると思う。反応する世界から、考える世界７へと変わったのかもしれない。
児童2	家庭の環境はやはりしんどい。「～がむかつく」「ほんまはやりたくなかった！」など思いをはき出せるようになった。言いたいことを言えて、やりたいことをやらせられるのは学校なのかもしれない。学級の子どもたちが関わり方を身につけてくれている。林間にも参加でき、みんなとの時間が増えた。みんなと遊びたい、喋りたい気持ちが大きくなった。最近よく笑う。タッチができ人と関わりたいと思っている。
児童3	修学旅行は「行きません」と言い切っていいたが、不安の現れ。しおりに詳しい内容を付け足して渡すと、前向きになった。校内コンサートについても「しません」の姿勢だったが、映像をみせ、マラカスを渡すとその気になり参加。言っていること思っていることにギャップがある。友だちの中へ入っていくことは難しく、大人のサポートが必要。話をして、相談して折衷案を取り入れると、話ができるようになってきた。自己評価が低い。ゴールを示すと少しずつ進めることができ、なんとかできることも増えてきた。掃除は校長室の掃除を行う。気分によって、ムラはあるが、機器類を丁寧に掃除する。
集団	ゆずりあいが多く見られた。Ｔ１とのやりとり「分かりましたか」「はい」の掛け合いが定着してきた。質問や意見は手を挙げて、あてられるのを待ち、発表する。友だちの意見を聞けるようになった。 「～かりてもいい？」「～はどこですか？」のやり取りができてきている。相手を意識しながら活動している。主体的に動いている。

③子どもたちの変化 （3学期）

児童1	【目標：言葉で伝える】言い方を教えて、必ず言葉を出させる、思いを聞き出す等の言葉のやり取りを続けてきた。「ありがとう」「ごめんなさい」が言える、気持ちの切り替え、しりとり、なぞなぞ遊びができるようになった。3学期になって落ち着き、休み時間はクラスの友だちと遊ぶ。いろいろな子、4～5人で遊べる。当番や係活動、学習にも意欲的、自分でノートを取ろうとする。手洗いもできるようになった。学級の中でも活躍できる部分が増えた。
児童2	【目標：気持ちのコントロール・友だちとのふれあいを増やす】 むかつくこと、気持ち悪いことを伝える。「けんかしてごめん」という。仲直りをする。話を聞いてもらう→話す→楽しい→心地よいを繰り返している。活躍できる場面、できた経験の積み上げがある。 やりたいことが学校に関することになってきた。友だちと過ごすことを楽しみにしている。5年の一番の思いではキャンプファイヤー。 6年になることを楽しみにしている。「かっこいい6年になりたい」等前向きな言葉が増えた。卒業式の予行にも参加できた。母が褒めてくれるようになった。母の迎えが嬉しい。母の理解→本人の安心
児童3	自分で決めたことについて、見通しをもって取りかかれるようになってきた。卒業前の最後に友だちとサッカーをし、友だちがルールを説明すると頷く姿が見られた。「大人に相談したらうまくいくこともある」「自分の思い通りに行かないこともある」という認識をもてるようになった。縦割活動への参加はハードルが高かった。参加の仕方が分からない。自分は何をしているのか、何班なのか分からない。怒りはしないがSOSの出し方が分からない。ひまわりタイムの遊びグループでは、チーム分けを考えた。組み合わせ方や人数の分け方など、子どもたちの能力等を考慮しながら分けていた。遊びの中では、友だちに投げ方を教えることもあった。得点係での参加など、彼に合った役割を打診し、全体の場で自分のすべきことをすることができるように考えていくことが必要。
集団	個人差はあるが、学校を楽しみにしている様子、元気に登校する様子が見られた。安心して関われる集団となった。自分の意見を聞いてもらえる、言える。話し合い、意見をつなげることができるようになった。 リーダーとしての役割を意識する、リーダーを支える気持ちが言動に出ていた。やさしさが出る。ゆずり合うことができる。 遊びのルール作りでも、相手を意識した意見が出た。班のメンバーやクラスのメンバーを認識している。どの先生とも関われて、自分を出せる。自分の得意なことをしたい。誰かにやってあげたい。自分の気持ちで、その場にいる。学びたい思いを持っている。

　指導が難しいと感じている3名の児童について1年間の変化を記録して頂いた。3名共に学校生活全体で成長が見られたことや集団の変化が細かく捉えられている。「ひまわりタイム」の実践を通して教員が児童を肯定的に捉えていることが読み取れる。以前の国語、算数の「できる、できない」の視点から離れて、児童の全体像と内面を捉えられており、貴重な成長記録になっている。

授業改善の良い点は二つある。分かる授業を創ることで、児童はできた体験をし、気持ちや行動が安定する。児童の良き変化は、教員や介助員の児童を見るまなざしを変えていく。児童のよい姿、持てる力の前向きな発揮は、教員や介助員等関わる大人に肯定的な児童観をもたらし、双方によい関わりが生まれる。授業が充実することは、障害のある児童にとって、関わる教員、ひいては保護者、家庭にとっても大変大きな良い影響があると言える。

　A小学校では2017年度教科の課題別グループ学習に取り組んだ。写真は「国語グループ学習」の授業風景である。早く教室に来た児童から個別課題をする（写真1）。6名全員が揃ったら教科書を読んだ後、要点になる学習内容を取り出して視覚教材を使いながら、考えたり意見交換や発表をしながら、みんなで一緒に学習に取り組む（写真2）。

　小人数グループの授業では、授業ルールが明確で分かりやすく守りやすい。結果、児童が落ち着いて学習ができる。教科のねらいを達成しながら、仲間意識や相互理解が生まれ、社会性もつけていくことができるのがグループ学習の良さである。今後、特別支援学級で取り入れていってほしい学習形態である。

写真1

写真2

　授業の構想段階でポイントにしたことは次のようなものである。
　　◇「児童が楽しめる活動はどこか。」
　　　⇒「必ずできること」を盛り込む。
　　◇「児童が躓くところはどこか。」
　　　⇒　苦手や弱さを把握し配慮する。
　　◇「児童が躓いたときにどう支援するか。」　⇒　個への支援と手立てがあるか。

　当時A小学校では数多くの児童が授業に参加できずにいた。特別な支援を要する児童が多く、授業中廊下に出てしまう、職員室や校長室で授業時間を過ごす児童も一人二人ではなかった。各児童に対し先生方は丁寧に接し家庭支援も学校全体で取り組んでおられたが、交流及び共同学習はもとより特別支援学級の授業に入れない児童がいることは、改めて地域の学校における児童の実情に

合わせた教育課程編成の遅れではないかと感じた。これはA小学校だけの課題ではない。

協働研究3年を経過してA小学校で授業に入れない児童はほとんどいない。生活指導の視点と特別支援教育の視点を合わせて児童の指導支援にあたった結果であると学校では分析されている。支援学級在籍児童の成長は全校で共有された。

授業に参加できずに二次的障害を起こしている児童はどの学校にも多くいる。苦悩された地域の先生方から教育相談等で飛び出しやパニックへの対処対応を多く求められてきたが、根本的な解決のためには児童に合った教育課程が編成されて欲しいと思う。「分かる・できた・またやりたいの授業」は児童に安易な授業ではない。学習のルールがあり、教員の緊張感ある姿勢があり、学ぶべき適した内容が十分に用意されている授業のことである。学童期、授業での自己実現は大切なことで、学び続ける意欲に直結する。一日5時間6時間ある授業が理解できず過ごす児童がいるとしたら、どうだろう。授業で失った自信は授業でしか取り戻せない。特別支援学校も課題は全く同じだと思う。最新の知見を授業に生かしてこそ児童生徒に届く。

特別支援学級において、集団の良さを生かした体験学習的内容を実践し、児童のよい姿を引き出し児童の成長する姿から、障害があっても成長があり人格的に発達を遂げていくことを広く知ってもらい、特別支援学級担任にはその手ごたえと手法を持って通常の学級での交流及び共同学習や行事などの改善に取り組んでもらいたいと願う。

5　課題と今後に向けて

特別支援学級の教育課程整備は急がれる課題の一つであるがA小学校の研究でも次のような課題があった。
①研究対象授業「各教科等を合わせた指導」では授業改善から授業づくりに発展できたが、国語、算数の授業や通常の学級との交流及び共同学習への広がりにうまくつながらない。
②特別支援学級の教育課程について、周知や共通理解に大変時間がかかる。
③児童に合った教育課程をどういう道筋で編成していくか、検討に時間がかかる。

特別支援学級の教育課程づくりに課題は大きいが、「分かる、できた、またやりたい」授業が実現し、児童がそれまで得られなかった学びの喜びがあったの

は確かなことで、校内にさまざまな授業、さまざまな学習の場が創れたことは意義深いことだと考える。これを契機に特別の教育課程に理解を深めていただきたい。

　熊取町との協働研究は担当指導主事、学校長の熱意と特別支援教育への深い理解に支えられて大きな成果を上げた。A小学校において研究内容が継続できたのは、町教委と学校長のリーダーシップあればこそと感じる。次の課題は町内全学校へ「分かる・できた・またやりたいの授業」が広がること、「特別支援学級の教育課程」が理解されて編成され、児童生徒の実情に合った教育がなされることである。これによって児童生徒の内的な発達が保障されて二次的障害も減ると確信している。

　佐野支援学校は小学部教員2名がこの研究を担当した。特別支援学校のセンター的機能の発揮とクラス担任としての仕事の両立は容易ではない。しかし、実際に授業を見て助言するほかに、担任という立場で保護者支援や行事、学級運営などで実効的な支援ができて、実りを感じた。

　地域の小・中学校特別支援学級に在籍する児童生徒はそのほとんどが近い将来、本校に入学してくる子どもたちである。地域の学校で学んできたことを知り「連続性のある学びの場」を用意することが本校の責務でもあるし、地域の学校との連携で得たことは特別支援学校の教育に大きなヒントになると考える。

【文献】
・「特別支援学校新学習指導要領ポイント総整理　特別支援教育」東洋館出版社　2018年.
・「学習指導要領改訂のポイント　通常の学級の特別支援教育」明治図書　2017年.
・「特別支援教育の授業づくり&指導案作成ガイド」明治図書　2014年.

「個別の教育支援計画」の作成・活用を通した地域・学校の教育力向上を目指して

1 S市における「個別の教育支援計画」統一様式作成へ
―コーディネーターリーダー活躍の場に―

　奈良県内各市町村で統一様式の「個別の教育支援計画」を作成する機運が高まり、S市においても、平成26年度内に幼保・小・中統一様式の「個別の教育支援計画」を作成し、関係機関と連携して校種間で一貫した的確な支援を切れ間なくつなぐことで、長期的に子どもと保護者の安心が得られる取組を目指すこととなった。私自身、県特別支援教育巡回アドバイザーとして、S市教育委員会と連携して作成に当たった。まず、県内の特別支援学校が作成している「個別の教育支援計画」の記入時期、保護者の確認時期、保護者確認印の有無、保管方法、管理職の関わり、原本の扱いなどの運用面を調べ、S市統一様式作成の参考にした。

　作成にあたり大切にしたことは、S市教育委員会から任命された幼稚園、小学校、中学校各1～2名ずつのコーディネーターリーダーの活躍である。コーディネーターリーダーがS市統一様式の「個別の教育支援計画」の作成に携わることで、主体的に特別支援教育に関わり、地域の特別支援教育の向上を目指す推進者であることの自覚を促したいと考えたのである。以下が作成に至る過程である。

＜作成に至るまでの過程＞
　① 　コーディネーターリーダー会議を3回開催
　◇第1回：「個別の教育支援計画」についての研修

　コーディネーターリーダーが「個別の教育支援計画」について理解し、その必要性を感じて子どもや保護者の願いを中心に据えた支援ができるよう、また、各校で作成に関わって担任支援しているコーディネーターから助言を求められる存在になってほしいとの期待を込めて研修を行った。内容は、以下のとおりである。

　・「個別の指導計画」との違い
　・「個別の教育支援計画」の作成意義
　・合理的配慮と基礎的環境整備について

・運用について
◇第2回：他市町村の様式を参考にしてS市の様式を決定
　S市内の幼・小・中で統一様式を決めた。大事にしたことは、「個別の教育支援計画」を保護者と作成する際、支援内容欄に「学校」だけでなく、「家庭」の項目を設けることで「家庭」での支援内容を明確にした。「学校」と「家庭」のそれぞれの役割を互いに理解しながら共によりよい支援を行うことで、子どもが十分力を発揮できる環境を整え、共有化のツールにしたいとの意図があった。
◇第3回：特別支援学級に在籍している子どもについてコーディネーターリーダーが、実際に「個別の教育支援計画」を作成
　作成時に気付いたことや注意事項などを、作成・実施・評価にあたっての留意事項として記載し、「個別の教育支援計画作成の手引き」冊子を作成。すると、コーディネーターリーダーからは、「3年先を見据えた上での今年度の支援を考えたことがなかった。」「保護者や子どもの願いを基にして今年度の支援の重点目標を決定する際、優先順位を決めることが難しかった。」との意見が出された。コーディネーターリーダー自身が、長期的な視点で子どもの将来を見据えた支援について思いめぐらすことが少ないことが分かった。「個別の教育支援計画」を作成する過程を通して、保護者と十分話し合いながら支援内容を決定していくことで、保護者との相互理解を深め信頼関係を築くことができ、その営みが効果的な支援として子どもに返っていくと考えた。
② S市教育委員会より管理職に対して、作成できた統一様式の「個別の教育支援計画」とその運用・保管方法について周知
　その際、私立幼稚園、公私立保育所にも参加協力を依頼した。S市の小学校に就学するより多くの子どもの支援環境を整えるために、市内の全私立幼稚園と公私立保育所を訪問して理解を求めた。
③ コーディネーターと管理職（市内の全公立小・中学校、全公私立幼稚園・保育所）を対象にS市統一様式「個別の教育支援計画」導入についての説明会を開催
　巡回アドバイザーによる「個別の教育支援計画」作成意義などの研修後、コーディネーターリーダーから、「個別の教育支援計画作成の手引き」を用いて実際の記入の仕方や注意点について説明した。研修では、「個別の教育支援計画」は完成された計画ではなく、関係機関と連携する際や引継ぎの際、よりよい支援の方向性を決める話し合いをするきっかけになるものであること。また、的確な支援をするためのツールであるので、追記や見直しもあることを伝えた。

さらに、「支援の手立て・配慮事項」の項目は、保護者と合意形成した合理的配慮の記載ともなること、「支援の評価」の項目に「支援の手立て・配慮事項」に記載した支援の効果について記載することを説明した。

対象児については、まず、特別支援学級在籍児童・生徒と教育支援委員会対象児とし、通常学級在籍児童・生徒については同年にS市に初めての通級指導教室が設置できることになったため、その利用状況を鑑み通常学級児童・生徒にも段階的に作成していくこととした。

活用については児童の就学先を審議する教育支援委員会とその就学先に「個別の教育支援計画」を提出することについて保護者の同意を得ることにした。これは教育支援委員会に提出された「個別の教育支援計画」には必要な支援の情報が盛り込まれており、これを就学先に提出することで必要な支援を途切れることなく就学先に引き継ぐことができることをねらったのである。そして、このシステムは就学してから保護者が就学先に子どもの情報を伝えることの負担軽減にもなる。

保管については、福祉的なサービス（療育手帳の取得申請）を利用した就労の際、在学時に受けていた支援の状況を記載したものを得たいとの依頼が市教委や学校にあったが、証明するものは保管されていなかったためサービスを受けることができなかったという事例があった。このことから学校・園卒業後は複写を5年間保管。そして、中学校卒業時、または転出等で最終年になったときは原本を保護者に返却し、複写を教育委員会へ提出して20年間保管とした。長期にわたって市教委で保管することで就労の際などに十分活用できるものとしたのである。

今回のS市統一様式作成に携わったコーディネーターリーダーからは、次年度「個別の教育支援計画」の作成がなされていくのを目の当たりにし、「自分たちが検討したものが今後、活用されていくことが嬉しい」と、その達成感を感じる声や、「校種間の交流ができ、今まで知り得なかった各々の支援方法が分かった」との感想があった。

2 市内統一様式「個別の教育支援計画」作成後の活用に向けて
―コーディネーターの資質向上を目指して―

平成26年度末に作成した市内統一様式の「個別の教育支援計画」を保護者の理解を得て作成し、平成27年度から活用していくことを4月上旬の校園長会で確認した。その後、研修を通して実際の作成に担任支援として携わるコーディ

ネーターに記入の仕方や活用について理解を促していった。

(1) 平成27年4月コーディネーター研修会

今年度から「個別の教育支援計画」作成に携わることがコーディネーターの役割になることを周知した。その際、作成メリットとして「担任の先生が変わると指導の仕方が変わるのではないかとの保護者の不安を解消できる」「作成を機会に関係機関と連携することで子どもに関する新しい情報を得ることができるため、より効果的な支援ができる」「校内委員会などで検討した支援方針や内容を記載することで、校内の教員や保護者との共有化が可能になり、担任が一人で抱え込まなくてもよい」などを挙げた。また、次年度の平成28年度4月から施行される「障害を理由とする差別の解消に関する法律」に関連して保護者と合意形成を図ることができた合理的配慮を「個別の教育支援計画」の「支援の手立て・配慮事項」に記載することの大切さなどの理解を促した。

(2) 平成27年7月第2ブロックコーディネーター研修会（他市町村合同）
　　―「個別の教育支援計画」の作成を通した適切な指導と必要な支援―

「個別の教育支援計画」の記入の仕方の研修会を開催。子どもの特性に合わせた目標設定や評価の方法などを学ぶ機会を設け、特別支援学校のセンター的機能の活用として、その演習に特別支援学校の地域担当教員の参加を要請して助言をいただいた。特別支援学校の教員と顔の見える機会をもつことで、「個別の教育支援計画」作成時はもちろん、普段から気軽に支援方法を尋ねることができ、子どもにより的確な支援をすることができると考えたからである。研修後の感想には「グループで重点目標や支援の手立てを考えることで、同グループの教員から様々な支援を学ぶことができた。実際に自校で作成する際も、話し合って作成すればよいと思った」と、複数で検討することの大切さが書かれており、

今年度から「個別の教育支援計画」を作成していくという意欲が感じられた。

3 S市通級指導教室の開設とコーディネーターの資質の向上
―通級児童の「個別の教育支援計画」作成を通じて―

　通級指導教室設置から2年目を迎えた平成28年4月から通級指導教室の担当として、S市教育委員会と連携して年間3回程度開催するコーディネーター研修会の内容を検討してきた。毎年、第1回目はコーディネーターの役割について研修していたが、平成29年4月は『個別の教育支援計画の作成と活用』と題して、「個別の教育支援計画」に焦点を当てて行った。これは、毎年、コーディネーターが交代する学校が多いという現状があり、現場への研修内容の浸透が難しく、繰り返し研修を行う必要があることや、今後、通常学級の児童・生徒についても「個別の教育支援計画」の作成を推し進めていくためにコーディネーターが丁寧に担任・保護者支援を行う必要があると思われたからである。研修の中では、通常学級における「個別の教育支援計画」作成の効果として、平成28年度に作成した通級児童の「個別の教育支援計画」の事例を二つ紹介した。一つ目の事例は、通級指導を受けている児童の在籍校で、担任・保護者・通級担当が三者懇談（コーディネーターが同席している学校もある）を行い、「個別の教育支援計画」を作成した際のことである。その児童は、学校での適応が見られるようになったので通級指導を終了することになったが、保護者にとっては不安であるとのことであった。しかし、保護者と担任が合意した子どもの支援や配慮事項を記載したことで、通級指導を終了しても次年度、確実に支援を引き継いでもらえるので安心できるとの思いをもたれたという内容である。

　もう一つの事例は、通級指導教室で「個別の教育支援計画」の「支援の評価」を行う学年末の保護者・担任・通級担当との三者懇談の際、学校と家庭での支援について振り返ったときのことである。保護者の了解を得て通級担当が医師と連携をとってきたことや、必要に応じて三者懇談を重ねてきたことなどから、担任は保護者のこれまでの努力をねぎらい、保護者は丁寧な支援に感謝の思いが伝えられた。そして、「個別の教育支援計画」が小学校から中学校に引き継がれているので、中学校に入学後、担任、学年主任、コーディネーターから保護者に言葉がけがあり大変心強く感じ安心したという内容である。

　平成27年3月にS市統一様式の「個別の教育支援計画」を作成した時点では対象を特別支援学級児童・生徒と就学指導対象児としていたが、通級指導教室が設置され通常学級児童にもその作成の必要性が出てきた。さらに、新学習指

導要領に「個別の教育支援計画」の作成について明確に記載されているように通常学級に在籍している子どもに対しても「個別の教育支援計画」の作成が必要になってくることから、平成29年度内に通常学級児童についても各小・中学校でコーディネーターが責任をもって「個別の教育支援計画」作成の周知を促すようにした。また、各校のコーディネーターに通級指導を終了していても次年度に「個別の教育支援計画」が引き継がれるように助言した。さらに、今までは通級担当が担任に重点目標設定のアドバイスを行っていたが、今後はコーディネーターから行うようにも伝えた。それは、毎年、通級担当が担任と保護者を支援しながら、「個別の教育支援計画」の重点目標を決めるのではなく、コーディネーターが子どもと保護者の安心につながる支援環境を担任と共に整えることが自校の特別支援教育の充実を図ることになると考えたからである。

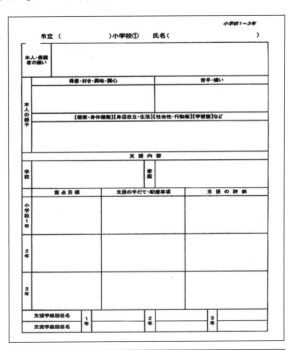

前述のようにS市では、「個別の教育支援計画」を作成後、中学校卒業時に原本を保護者に返却、保護者が進学先や就職先などで活用することになっている。中学卒業直後、

高等学校での生活が不安であると通級指導教室に相談に来た保護者には、「個別の教育支援計画」を高等学校に引き継ぐよう助言した。また、通級指導を受けていない児童であっても、保護者との教育相談で専門機関や通級指導教室と学校との連携が必要な場合は「個別の教育支援計画」の作成を促し、学校長にその必要性について説明の後、コーディネーターを窓口にして「個別の教育支援計画」を作成するようにした。

　そして、平成30年3月、引継ぎを確かなものにするために「個別の教育支援計画」の引継ぎに関する文書を市教委で作成し、小・中学校に引き継ぐ際に受け取った者の署名捺印後、その複写を引き継ぎに出向いたコーディネーターに戻し、在籍していた学校・幼稚園・保育所で保管するようにした。同時に、「個別の教育支援計画」作成対象についても、それまでは特別支援学級在籍児童・生徒と就学指導対象児だけであったが、通級による指導を受ける児童・生徒の他に、特別な支援を要する幼児・児童・生徒が追加されることとなった。

4　通級指導教室と地域の教育資源との連携
—S市の児童発達支援体制を考える会—

　平成26年市けんこう増進課、児童福祉課、社会福祉課、学校教育課が連携して市内の子どもたちの切れ目のない支援を目指して「S市の児童発達支援体制を考える会」が発足。翌年、通級指導教室が設置され、平成28年4月の研修会で通級指導教室見学の際、通級での取組を紹介。あわせて、市内統一様式の「個別の教育支援計画」の作成サポートを行っていることを伝えた。この研修会を行ったことからそれまで関わりのなかった他の課との顔の見えるつながりがで

きた。けんこう増進課からは通級児童の乳幼児期の様子について情報を得ることができ、その後の指導や保護者支援について生かすことができた。また、児童福祉課には平成30年度に年間を通じて保育士への研修を担当し、インクルーシブ教育（保育）や「個別の教育支援計画」作成の際に大切にしたいことなどについて伝えることができた。

「個別の教育支援計画」
キーワードは「つなぐ」…一貫性のある支援…
◆ 教員（学校）と保護者を「つなぐ」
◆ 必要な指導や支援の手立てを「つなぐ」
◆ 本人及び保護者の願いを「つなぐ」
◆ 子どもに関わる人と人を「つなぐ」
子どもと保護者の安心に！

　平成31年2月「S市の児童発達支援体制を考える会」研修会では、会の発足時より各課から、拡充事業と新規事業について5年間の取組の報告があった。学校教育課からは、巡回相談やスクールカウンセラーによるカウンセリングの拡充事業と、通級指導教室による教育相談、「個別の教育支援計画」の作成の新規事業が挙げられた。地域の教育資源の連携により子どもが生活している地域の支援体制の充実が図られたのである。

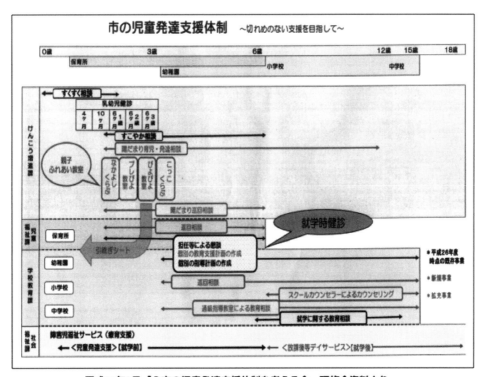

平成31年2月「S市の児童発達支援体制を考える会」研修会資料より

5 通級指導教室が地域の特別支援教育のセンター的役割を担う
—保護者・児童の安心につながる「個別の教育支援計画」—

(1) コーディネーターへのアンケートを通して見えてきたこと

　平成31年2月に市内のコーディネーターに「個別の教育支援計画」についてアンケートを実施した。「個別の教育支援計画」作成時のコーディネーター同席に関しては、中学校はコーディネーターが同席しているところが多いが、幼稚園は園長が同席しているところが多く、小学校においてはコーディネーターの同席は少ないが担任の相談にのっているところが多かった。また、作成の際、コーディネーターが大切にしていることは、「保護者と子どものニーズをよく聞き取ること」「保護者の気持ちを大切にして話をしっかり聞き、一緒に考え作成している」「子どもの実態把握をしっかりとし、保護者と担任の思いがきちんとつながるように気を付けること」であった。次学年や進学先に引き継ぐ際に気を付けていることは「次学年の担任に必ず目を通してもらえるように引継ぎの機会を大事にしている」であった。中学校では卒業時、原本を保護者に返却した後、高等学校・特別支援学校・高等養護学校などの進学先に引き継がれていた。これらのことから、コーディネーターが「個別の教育支援計画」の作成に関わって保護者や子どもの願いを大切にし、担任支援をしながら丁寧に作成していることが推察できた。

(2) 地域の特別支援教育のセンター的機能として通級指導教室が果たす役割

　通級担当として、学年末に「個別の教育支援計画」の支援の評価について、通級指導教室で在籍学校担任と保護者、通級担当との三者懇談会を開催している。懇談を終えた1年生の保護者が、「S市で20年も保管してもらえることを初めて知った。我が子の将来について心配は尽きないが、この『個別の教育支援計画』を毎年引き継いでもらえるので安心です。」との言葉に嬉しさと責任の重さを感じた。

　S市通級指導教室が設置され、通級担当者が市教委と共に地域における特別支援教育の現状と課題や今後の取組の方向性について検討することができた。また、研修や相談を通じてコーディネーターリーダーやコーディネーター、担任の専門性向上の一端を担うことができた。そして、通級における教育相談の際、「個別の教育支援計画」の作成を保護者に促し、担任やコーディネーターと連携することで、必要な支援を切れ目なくつなぐシステムづくりができてきた。少しずつではあるが、通級指導教室が地域の特別支援教育の充実を図るセンター

的役割を担い始めていると実感する。しかし、コーディネーターが毎年交代する現状があり、コーディネーター間の確実な引き継ぎが難しいことや、研修を行っても次年度にうまく活かされていないという課題もある。コーディネーターを指名する管理職に対して特別支援教育の理解を促す取組を進めていくとともに、コーディネーター研修の企画や研修後の各校での取組の進捗状況を把握し、通級指導教室がＳ市の特別支援教育の拠点として、様々な機関と連携することで子どもの自立に向けて安心して学べる教育環境を整えていきたいと考える。

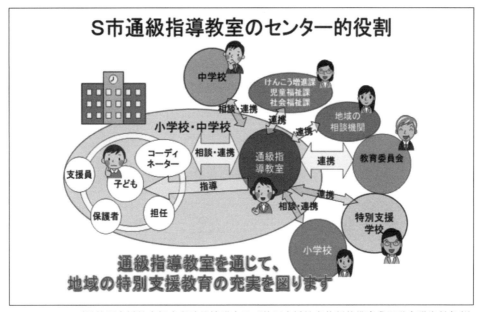

（県特別支援教育担当者連絡協議会及び特別支援教育体制整備事業運営会議資料参考）

【文献】
・全国特別支援学校長会・全国特別支援学級設置学校長協会編集：「小・中学校等における「個別の教育支援計画」策定と活用　一人一人のニーズに応じた的確な支援のために」ジアース教育新社　2007年4月．
・東京都教育委員会：「特別支援教育理解啓発資料 管理職必携　「個別の教育支援計画」による支援の実際―さらに進化する特別支援教育―」　2012年3月．

第7章 交流及び共同学習を活用した地域支援の実際

第二部　具体的支援の実際

居住地校における交流及び共同学習の取組

1　大阪府立岸和田支援学校での取組

　平成 24 年 7 月に中央教育審議会初等中等教育分科会において取りまとめられた「共生社会の形成に向けたインクルーシブ教育システム構築のための特別支援教育の推進（報告）」において、交流及び共同学習を一層推進していくことが重要であると指摘された。大阪府立岸和田支援学校（以下、本校）でも、以前より居住地校交流には取り組んでいたが、相手校の行事に招待してもらったり、特別に交流会を開いてもらったりというイベント的な交流や相手校の授業に参加させてもらう受け身的な交流が多かった。そこで平成 25 ～ 27 年度の三年間、岸和田市教育委員会・大阪府立佐野支援学校・本校の三者で、『居住地校における交流及び共同学習の取組』をテーマに協働研究を行い、居住地校交流の内容の充実を目標にして取り組んだ。

　本校では、この三年間の協働研究の取組の成果と課題を受け、引き続き、岸和田市以外の各市町においても居住地校における交流及び共同学習を推進している。

　協働研究で明らかになった大きな課題の一つが、交流相手校との"温度差"である。お互いに楽しく達成感のある交流及び共同学習にしたいとの思いで支援学校側は臨むが、交流相手校の中には、打ち合わせや準備等の時間の確保が難しかったり、特別な授業をしなければと負担に感じたりする学校がある。そんな温度差を埋めるためにはまずは相手校に負担感なく取り組んでもらうことが大切であると考えた。そこで本校では、居住地校における交流及び共同学習をできるだけ負担感なく実施し、子どもたちの実りある学習とするためにはどのように推進していけばよいか、ということに重点をおいて取り組むことにした。

2　実践事例

〈居住地校交流の承諾が得られてからの流れ〉
　①　電話で交流形態の希望を伝え、打ち合わせ日を調整
　　・支援学級での交流を希望

・通常の学級での交流を希望
② 交流担当者と担任が相手校に出向き、打ち合わせ
・本校児童生徒の実態とねらい
・相手校児童生徒の人数・実態とねらい
・相手校の普段の学習形態と学習内容
・本校児童生徒が共に学習に参加できそうな教科領域・単元から計画
（1回目、可能ならば年間計画）を立てる。
③ 1時間の授業計画例
  1）挨拶と自己紹介
  2）本校児童生徒が普段学習している内容
    ＊メイン教員（以下MT）は本校教員、
     サブ教員（以下ST）は相手校教員
  3）相手校で普段学習している内容
    ＊MTは相手校教員、STは本校教員と相手校教員
  ※それぞれの学習内容を事前に話し合うことで、必要な教材・支援方法がわかり、事前学習を行うことができる。
④ 交流及び共同学習　実施
⑤ 「居住地校における交流及び共同学習の記録」（P.145）を作成し、評価
⑥ 「学習の記録」をもとに、次回の話し合い

〈事例1〉 A小学校2年通常の学級・本校小学部2年児童との交流及び共同学習

A小学校2年 通常の学級	本校小学部2年
音楽（5月） 『小犬のビンゴ』 ・手拍子を交えて遊び歌 音楽（7月） 『かえるの合唱』 ・歌（歌詞・ドレミで・追いかけ歌） ・鍵盤ハーモニカ	うた・リズム（1学期） 『かえるの合唱』 ・歌唱 ・身体表現 　（かえるになって跳ねる。 　ピーナッツバルーンを使って）

打ち合わせの結果 ↓
・両校共通の学習内容『かえるの合唱』を中心に計画を立てる。
　　歌唱（歌詞・ドレミ・おいかけ歌）身体表現（バルーン）
・A小学校は『かえるの合唱』の学習時期を早めて取り組む。
・本校2年生は、うた・リズムの学習内容にドレミやおいかけ歌を付け加える。『小犬のビンゴ』の遊び歌にも取り組む。

1学期　交流及び共同学習「音楽科」　実施 　①挨拶・近況報告 　②発声練習　MT: A小教員 　③『かえるの合唱』（歌唱・身体表現）MT: 本校教員 　④『小犬のビンゴ』（遊び歌）MT: A小教員 　⑤歌のプレゼント『にじ』

⇒○本校児童は、地域の友だちと一緒にいきいきと自信をもって「音楽」の学習に参加できた。
　○Ａ小学校児童は身体を動かす活動を通して気持ちもほぐれ、自然に交流することができた。

バルーンで跳ねて『かえるの合唱』

みんなで声を合わせて『小犬のビンゴ』

```
２学期　交流及び共同学習「生活科」実施　（MT: A小教員）
　　　①挨拶・近況報告
　　　②生トマトの試食
　　　③トマトソースを使ってギョーザピザ作り
　　　④本時の振り返り
３学期　交流及び共同学習「音楽科」実施
```

⇒○２学期の生活科では、栄養の学習等難しい内容もあったが、同じ班の友だちと協力しながらギョーザピザを作ることができた。クッキングは触れ合う場面が多く、本児にとって適切な学習内容であった。
　●その反面、班での活動になると一部の児童としか関わることができなかったのが残念である。

友だちと一緒にトマトの試食

みんなでクッキング「焼けたかな」

ピザにトッピング

第7章　交流及び共同学習を活用した地域支援の実際

〈事例2〉　B小学校支援学級・本校小学部1年児童との交流及び共同学習

B小学校　支援学級	本校小学部1年
・居住地校交流を行ったことがない。 ・普段の自立活動では、栽培活動や買い物学習等をしている。 ・どのような活動をすればよいかわからない。	自立活動（うごく） ・体操 ・玉集めゲーム ・かけっこ ・マット遊び

打ち合わせの結果 ↓
・B小学校は交流が初めてなので、今回は本校教員がMTとして授業を進め、B小教員はSTとして指導にあたる。
・内容は本校の「うごく」の授業をアレンジして行う。

```
1学期　　交流及び共同学習「自立活動」　実施
　　　　①挨拶・自己紹介
　　　　②準備体操『ぐにゃぐにゃビート』　MT: 本校教員
　　　　③紅白玉集めゲーム　　MT: 本校教員
　　　　④かけっこ　　MT: 本校教員
　　　　⑤マット遊び　MT: 本校教員
　　　　⑥終わりの挨拶
```

⇒○1年生で初めての交流でいつもと違う環境であったが、普段の学習内容なので見通しをもち、笑顔で楽しむことができた。
　○ティームティーチングとしてうまく機能し、授業の流れがスムーズであった。

まずは自己紹介から

みんなでマット遊び自分のできる動きで参加

```
2学期　　交流及び共同学習「自立活動」　実施
　　　　①挨拶・近況報告
　　　　②手話歌『きみとぼくの間に』　MT: B小教員
　　　　③クリスマスリース作り　　MT: B小教員
　　　　④ポップコーン作り　　MT: B小教員
　　　　⑤終わりの挨拶
```

⇒○2学期はB小学校教員がMTとして授業を進め、本校教員はSTとして関わった。

○本校の事前学習で、歌を練習して参加したので笑顔で身振りをしながら楽しんだ。

○本校で事前に拾った木の実を持参して友だちに配るなど、リース作りでは友だちと身近に触れ合うことができた。

「リースを作ろう」

手元をよく見て・・・

〈事例3〉 C小学校支援学級・本校小学部3年児童の交流及び共同学習

| 1学期 | 交流及び共同学習「自立活動」 実施
①挨拶・自己紹介
②キャスターボードあそび　MT: 本校教員
③シッティング風船バレー　　MT:C小教員
④振り返り
⑤終わりの挨拶 |

⇒●昨年度の流れから今年度も身体を動かして活動する内容で検討し、普段両校で取り組んでいる内容を組み合わせて行ったが、キャスターボード運動は教材がないため、C小学校では事前学習ができなかった。

○"友だちと協力する"というめあてを持ってキャスターボードあそびができたことはよかった。

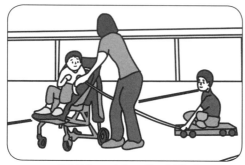

ペアでキャスターボード遊び

みんなでシッティング風船バレー

```
2学期　交流及び共同学習「自立活動」実施
　　　①挨拶・近況報告
　　　②新聞紙あそび　　MT: 本校教員
　　　③ドッジビー　　　MT:C小教員
　　　④振り返り
　　　⑤終わりの挨拶
```

⇒○前回の反省を受け、お互いの学校で事前学習ができる内容に変更した。新聞紙あそびやドッジビーの遊び方を事前打ち合わせで確認し合い、必要な教材をお互いに貸し借りすることで、十分事前学習を行うことができた。

```
3学期
　　　①３年生と給食・昼休み・清掃時に交流
　　　②支援学級と交流及び共同学習「自立活動」
　　　２学期と同内容で実施
```

⇒○通常の学級との交流は初めてだったため、３年生の事前学習時に本校児童の普段の学習風景を写したビデオレターを見ておいてもらった。積極的に関わりに来る児童が多く、昼休みも車いすを押してもらって友だちと一緒に「だるまさんがころんだ」で遊ぶ姿が見られた。

○支援学級の授業は２学期と同じ内容で行ったため、見通しをもって活動することができた。

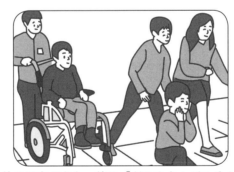

昼休みは友だちと一緒に「だるまさんがころんだ」

どの事例においても、**「学習の記録」**を用いて次回の話し合いを行った。特に「評価」の項目を中心に振り返り、次回に生かすようにした。事例３の「学習の記録」の抜粋が以下のようである。△（まあまあできた）、×（できなかった）の項目が、学期を追うごとに減っているのがわかる。

【1学期】

項目	岸和田支援	特記事項（反省・改善点等）	C小学校	特記事項（反省・改善点等）
教員間の打ち合わせは適切であったか	○		○	事前に教具を見せてもらえてよかった
事前学習は適切に行うことができたか	△	座位での風船バレーはできなかった	×	できなかった
両校児童生徒の実態について、把握がお互いにできていたか	×	キャスターボードを指導する上ではもっと実態把握が必要だった	△	風船バレーはもっと実態に合ったものにできればよかった
実施計画（学習内容）は適切であったか	○	時間配分を再考する必要がある	○	
両校児童生徒のかかわりは適切であったか	◎	積極的に話しかけに来る児童が多かった	○	授業開始前や終了後に声をかけに行く姿が多く見られた
両校児童生徒のねらいは達成できたと考えられるか	○	集団の授業の中で友だちを意識したり約束を守ったりできた	○	風船バレーについてはルールが少し難しかった
教員間の役割分担と共通理解は十分にとれていたか	△	TTの役割や立ち位置等をもう少し話し合っておく方がよい	△	実際に行うと事前のイメージとは少し違ったのでもう少し打ち合わせが必要だった

【2学期】

項目	岸和田支援	特記事項（反省・改善点等）	C小学校	特記事項（反省・改善点等）
教員間の打ち合わせは適切であったか	△	活動内容だけでなく、教員の動きについても細かく打ち合わせするべきだった	△	具体的に教員の動きや役割まで打ち合わせする方がよかった
事前学習は適切に行うことができたか	◎	お互いに教材を貸し借りし、事前学習に取り組むことができた	○	事前学習はできた。大人数でもやればよかった
両校児童生徒の実態について、把握がお互いにできていたか	○		○	
実施計画（学習内容）は適切であったか	◎		◎	
両校児童生徒のかかわりは適切であったか	◎	支援学級の全員と触れ合うことができた	○	もっと自発的に関わっていけるようにしたい
両校児童生徒のねらいは達成できたと考えられるか	○		○	
教員間の役割分担と共通理解は十分にとれていたか	△	新聞紙遊びは全員が一斉に活動するので、STの動きを確認しておけばよかった	△	役割分担を詳しく打ち合わせしておけばよかった

【3学期】

項目	岸和田支援	特記事項（反省・改善点等）	C小学校	特記事項（反省・改善点等）
教員間の打ち合わせは適切であったか	◎	3年生の先生方とも打ち合わせし、当日の本児の役割を考えることができた	◎	3年の担任も含めて配膳、給食、掃除等も細かく打ち合わせができた
事前学習は適切に行うことができたか	◎	ビデオレターの撮影により、本児も心構えができた	◎	ビデオレターはどの児童も真剣に視聴し、当日を楽しみにしていた
両校児童生徒の実態について、把握がお互いにできていたか	○		○	
実施計画（学習内容）は適切であったか	◎	通常の学級との交流は慌ただしかったが、貴重な経験となった	○	もう少し余裕をもってできればよかった
両校児童生徒のかかわりは適切であったか	◎	通常の学級の児童も積極的に関わりに来てくれた	◎	繰り返すことで、関わりをもとうとする児童が増えた
両校児童生徒のねらいは達成できたと考えられるか	○		○	
教員間の役割分担と共通理解は十分にとれていたか	○	STの先生方の適切な支援のおかげでスムーズだった		

3　取組の成果

この取組を通して、次のような成果が得られた。

・普段の学習内容を行うので、児童生徒は安心感があり、環境が異なっても交流校の友だちと一緒に力を発揮することができる。
・両校で活動内容を出し合うので、打ち合わせ時間が短縮される。また、支援方法や教材の工夫がしやすい。
・お互いの学校での学習の様子を知ることができる。
・普段の学習内容に少し手を加えるだけで行えるので、両校とも負担感なく実施できる。
・支援学校教員がMTとなって授業を行うことで、交流相手校は集団の授業の進め方や個別の支援の手立て、教材等の参考になる。

進め方として一番大切にしたのが、両校の普段の学習内容を出し合うことと、両校全ての教員でティームティーチングの形態をとり、MTとSTの役割を明確

にして授業を展開することである。この進め方が上記のような成果につながったと考えられる。

また、実施後の本校保護者アンケートでは、「交流を楽しむことができた」「学習内容は子どもにとって適切だと感じた」等の意見があり、交流及び共同学習が保護者の期待に添うものになっていることがわかる。

4 今後の課題

共生社会の形成に向けたインクルーシブ教育システム構築において、交流及び共同学習の果たす役割は大きい。各市町において交流及び共同学習が実施されるようになり、地域の学校でもその意義・必要性を感じてはいるが、校内の優先課題になるまでには至っていないように感じられる。まだまだ支援学校との温度差はあるが、"できるだけ負担感なく実施し、しかも両校の子どもたちにとって実りある学習にすること"をめざし、その温度差を少しでもなくして交流及び共同学習の取組を推進していくことが今後の課題である。

また、本校でも次のような課題があがってきている。一つめは、交流時に担任が同行することにより、本校の学習活動の体制が厳しくなるという点である。年々、居住地校交流の件数が増えているなか、交流及び共同学習において適切な支援や評価を行うためには担任の同行が必要不可欠であるため、計画段階から回数や日程を調整していきたい。また、事例2のように通常の学級との交流及び共同学習を考える場合、高学年になるほど内容の工夫が難しくなってくるということが二つめの課題である。実際に小学部段階では活発に交流が行われても、中学部に入ると居住地校交流を希望する生徒が減ってしまうのが現状である。保護者や本人に丁寧に説明し、取組について理解を求めると同時に、私たち教員も学習内容について検討していくことが大切である。

今回得られた成果を継承しつつ、課題解決に向けて検討を行い、今後も地域の学校と連携して取り組んでいきたい。

学習の記録

居住地校における交流及び共同学習の記録

1．実施の概要

実施日	平成〇年〇月〇日（　）　　〇〇：〇〇～〇〇：〇〇
場所	〇〇市立〇〇学校
対象児童生徒	岸和田支援学校　〇学部〇年　　〇〇　〇〇
	〇〇学校　（支援学級）（〇年〇組）児童生徒　　〇名
教科・領域等	
当日付き添い	岸和田支援学校　　担任〇〇　　保護者など

2．本時の目標

岸和田 　支援学校	・ ・
〇〇 　学校	・ ・

3．授業の計画

学習内容	教員の支援等

4．評価　　◎：よくできた　○：できた　△：まあまあできた　×：できなかった

項目	岸和田支援	特記事項（反省・改善点等）	○○学校	特記事項（反省・改善点等）
教員間の打ち合わせは適切であったか				
事前学習は適切に行うことができたか				
両校児童生徒の実態について、把握がお互いにできていたか				
実施計画（学習内容）は適切であったか				
両校児童生徒のかかわりは適切であったか				
両校児童生徒のねらいは達成できたと考えられるか				
教員間の役割分担と共通理解は十分にとれていたか				

＜岸和田支援学校　児童生徒の様子等＞

反省点を共有し、次回の交流及び共同学習に生かす。

＜○○学校　児童生徒の様子等＞

本時の目標について評価すると共に、交流時やその他の場面での様子について記入する。

2 小学校における支援学級と交流学級との交流及び共同学習について

1 はじめに

インクルーシブ教育の理念の浸透に伴い、障害のある子どもとない子どもが共に学び、障害のある子どももない子どもも十分な教育を受けることができる社会が目指されている。本校でも、これまでの音楽科や図工科、体育科のような実技を中心とする教科学習や学級会活動の参加に加え、国語科や算数科、社会科や理科、特別の教科道徳などの学習においても、その子どもの学習上の課題や特性を考慮しながら、子ども本人や保護者と相談の上、交流学級で学習するケースが増えてきている。

学校長のリーダーシップの下、校内外の体制を整え、その充実を図っていくことは、小学校において特別支援学級と交流学級との交流及び共同学習を推進していくために必要不可欠なことである。また、特別支援学級に在籍する児童が交流学級の児童と共に学習していくためには、どの児童にとっても学びの場となるような学習環境づくりや授業づくりが大切である。さらに、子どもたちが安心して小学校生活を送ることができるような学校づくり、学級づくりがその土台として必要になる。

そこで、小学校において特別支援学級と交流学級との交流及び共同学習を実践する上で大切にしてきたことを「体制づくり」「学級づくり」「授業づくり」の3つの視点で整理していきたい。

2 体制づくり

小学校において特別支援学級と交流学級との交流及び共同学習を推進していくために、校内外の体制づくりとして考えてきたことは次の3つである。

1．関係機関との連携
2．教職員への理解の促進
3．担任間や支援員との連携

（1）関係機関との連携

本校では、特別支援学級主任が特別支援教育コーディネーターを担い、特別

支援教育部を運営している。児童に関する教職員や保護者からの質問や相談に答えるだけでなく、希望に応じて児童の様子を参観してアドバイスをしたり、担任と共に保護者と面談の機会をもったりしているが、学習上あるいは行動上の課題が複雑なケースが増えてきており、教職員だけでは十分に対応できないこともある。以前、ある児童が交流学級で他の児童と学習する際に、主治医から対人関係やコミュニケーション、情報処理能力等の課題に対する配慮について話をいただいた。「大人が間に入ることで同学年の友達とのコミュニケーションや活動をより円滑に行うことができる」「発表や意見交流の際には、複数の情報があると混乱するためグループは少人数で、また視覚的に情報を整理するなどの手助けが有効である」等の助言をいただき、実践した。児童は落ち着いて45分間の授業に臨むことができ、グループの中で積極的に自分の意見を言うことができた。一方、対人面の課題が原因となって情緒面の不安定さが見られた時期には主治医の助言によって、いったん交流及び共同学習の機会を減らし、本人の情緒面の安定を最優先にしたこともある。このように、関係機関から得た情報や助言を生かして指導上の配慮や工夫をすることで、児童が落ち着いて学習に臨むことができ、学びの質を深めることができると考えている。

(2) 教職員の理解促進

　交流及び共同学習を計画する際、教職員間の意識の差が課題となることがあるが、ねらいや意義が十分に伝わっていないことがその一因にあると考えられる。特別支援教育コーディネーターを中心に、特別支援学級担任や通級指導教室担当等、特別支援教育に携わる者が率先して交流及び共同学習に対する教職員の理解を図っていく必要がある。本校でこれまで行ってきた取組には次のようなものがある。

　・特別支援学級児童向けのお便りの発行と交流学級での掲示
　・教職員向けの「通信」の発行
　・教職員向けの研修会の運営
　・担任間の日頃の細かな情報交換と打ち合わせ
　・特別支援教育に関わる刊行物や資料の紹介
　・質問や相談の受付、発達相談、面談、授業参観

　これらの取組を継続することで教職員の特別支援教育に対する理解が深まり、そこから交流及び共同学習への理解の促進、そして積極的な学習の推進へとつながっていくのだと感じている。

（3）担任間や支援員との連携

　いざ交流及び共同学習を行うと決まれば、学習のねらいや内容等について担任間で話し合ったり、支援員と打ち合わせをしたりする必要があるが、実際は限られた時間の中で十分な話し合いの機会を設けることは困難であろう。だが時間の都合を理由に、担任がこれまでの自身の経験や実践を唯一の拠り所として、過去の事例に目の前の児童の実態を当てはめていることはないだろうか。

　目の前にいる児童は何に困っているのか、どう支援すれば困っていることを改善できそうか。児童が交流学級で他の児童と共に学習するためにどのような支援や指導の工夫が考えられるか。児童は何が得意で、その得意なことをいかす場面はあるのか。苦手なことをどのように配慮すればよいか。自分たちの学校で実際にできる合理的配慮は何か。それらのことを目の前にいる児童を中心に見据えて考えなければ、児童にとって深い学び

担任間の話し合いの結果、流れを簡単なイラストを入れて示すことにした例

となる交流及び共同学習は成立しないであろう。次に示すのは、筆者が研究依頼を受けて行った交流及び共同学習の際の担任間の連携例である。

【交流及び共同学習に向けた担任間の連携例】

　Ⅰ．本人・保護者の気持ちの確認
　　　個別の教育支援計画や個別の指導計画に記載されている本人・保護者の意思の確認、及び、記載されている合理的配慮の確認
　Ⅱ．交流及び共同学習の指導目標の確認
　Ⅲ．交流及び共同学習の学習内容の確認
　Ⅳ．授業において予想される、児童の困難さの抽出
　Ⅴ．困難さに関する児童の実態の共通理解
　Ⅵ．困難さに対する具体的な合理的配慮の検討
　Ⅶ．交流学級担任と支援学級担任との合理的配慮の共有
　Ⅷ．合理的配慮の準備、必要に応じて事前学習（自立活動との連携）
　Ⅸ．交流及び共同学習の実施、合理的配慮の提供
　Ⅹ．交流及び共同学習、合理的配慮の振り返り、修正

　毎回このような連携をすべてとることは難しいかもしれないが、年に数回の長時間にわたる会議より、毎日のわずかな時間を活用しながら、該当する児童

あるいは周りの児童について常に話し合う機会をもつことが、交流及び共同学習の中で大切であることは事実であろう。そして、その際には「相互の触れ合いを通じて豊かな人間性を育むことを目的とする交流の側面」と「教科等のねらいの達成を目的とする共同学習の側面」の両方があることを忘れてはいけない。

3 学級づくり

　子ども本人や保護者の意思、学習上の課題や特性等によって、特別支援学級で学習する時間と交流学級で学習する時間は児童によって異なることがある。さらに昨今の教職員の年齢構成から考えて、学級担任としての経験も、特別支援教育に関する経験も、それぞれ豊富な者から就いてわずかな者まで、経験年数にばらつきがあることも多い。そのような状況の中でも、共通して進めていきたいのは、特別支援学級の児童が交流学級で学習する際の居場所づくりにつながる学級づくりである。

　これまで、特別支援学級あるいは交流学級の担任として特別支援学級の児童も交流学級の一員であることを、機会ある度に伝えてきた。「○○くんは、みんなと同じ、○年○組の一員です。一緒に勉強をしたり遊んだり給食を食べたりします。でも、□□の学習の時は、少ない人数で勉強した方が○○くんの力がぐんと伸びるので、みんなとは別の教室でしています」というように、年度当初に特別支援学級の児童のことや特別支援学級とはどういう場所であるかということを、児童の発達段階や理解力に応じて話す機会を設けてきた。そして年間を通しても、特別支援学級や特別支援学級に在籍している児童のことを交流学級の児童や担任に伝え、その子どもが地域の一員であること、学校の一員であること、そして交流学級の一員であることを意識的に伝えるよう心がけてきた。この日々の小さな働きかけによって当該児童の交流学級への帰属感が高まり、周囲の児童の当該児童に対する理解が深まると考えているからである。また、特別支援学級の児童が特別支援学級担任とともに交流学級で学習する際には、特別支援学級担任が交流学級の他の児童に、交流学級担任が特別支援学級の在籍児童に積極的に関わることを意識することで、教職員みんなで子どもたちみんなの成長を見守る姿勢を築くとともに、特別支援学級の児童の居場所づくりにつながる学級づくりを大切にしてきた。

4 授業づくり

　特別支援学級の子どもたちが交流学級で学習する際、指導方法の工夫の一例としてペアやグループ学習を効果的に取り入れることが挙げられる。1人では答えを見出したり説明をしたりすることが難しい場合でも、ペアやグループで力を合わせ意見を出し合うことによって、ゴールにたどり着くことができる。

　また学習環境の整備や、近年高まってきている授業のユニバーサルデザイン化、つまりどの子もわかる授業づくりを意識することは交流及び共同学習に取り組む上で大変重要であると考え、授業を考える際の柱としている。

学習環境を整え、すっきりとした前面

学習上のきまり事は側面に掲示

　パソコンやデジタル教科書、タブレット端末、デジタルカメラ、書画カメラ、電子黒板等ICTの活用も重要だと考えている。視覚や聴覚に課題が大きいとされる発達に課題のある児童も情報機器の力を借りることでスムーズに学習に取り組むことができる。

　ICT環境の整備が進んできたことは、インクルーシブ教育システム構築の上での1つの重要なポイントであると言える。各教科の学習に、障害のある児童が障害のない児童とともに参加する場合、単に同じ教室で同じ時間を過ごすことだけでは学習だとは言えない。適切な指導上の工夫や手立てにより、障害のある子どもとない子どもとが共に学ぶことができることがインクルーシブ教育である。たとえばデジタル教科書を大型テレビに映し出して、線を引いてほしいところや注目してほしいところを指し示すことで子どもたちは自分の教科書のどこに線を引くのか、どこに注目すればよいのかを視覚的にすぐに理解することができる。書くことに課題のある児童はデジタルカメラで撮ったものを見ながら書いたり、撮ったものを印刷してそのままノートに貼るなどすることで、大きな困難さを感じず学習そのものに集中することができる。

タブレット端末を使って　　デジタル教科書や拡大プリンターを使った視覚教材
補足資料を提示

　また本校ではここ十年ほど、ジグソー学習を取り入れ、児童がより主体的に学習に取り組み、意欲をもって多様な活動が行えるよう工夫してきた。座っているだけの授業でなく、テーマを決める、資料を読む、ノートにまとめる、グループで教え合う、友達と意見を確認し合う、友達に意見を伝える、友達から意見を聞くなど多様な活動を友達と協力しながら進めることで、生き生きとした学びが生まれてきている。

グループでの活動

5　おわりに

　交流及び共同学習のねらいには「相互の触れ合いを通じて豊かな人間性を育むことを目的とする交流の側面」と「教科等のねらいの達成を目的とする共同学習の側面」がある。つまり、交流及び共同学習の実施にあたっては、児童間交流で終わるのではなく、この2つのねらいに即して学習を計画、実施し、見直しを絶えず行っていく必要がある。

　しかし、交流及び共同学習を行うにあたって、場を共有したことに止まるケースも少なくない。本人や保護者、教職員がその重要性や意義を十分に理解していても、毎日の情報共有が難しい、打ち合わせに時間を割くことができないなど、学校現場の現状もある。また、担任同士の意識の差から連携がとれない場合もある。児童が交流学級で他の児童と一緒に学習することに満足してしまい、本来のねらいが達成されていない場合や、担任の思いが先走ってしまって本人や保護者の思いとはずれているような場合もある。学校全体の理解が得にくい場合や、学校体制上、実施する上で難しさがある場合もあるかもしれない。筆者自身、どの子も活躍できる授業づくりを目指して、授業研究、教材研究をし

たいと思っていても、現実は、様々な雑務に追われ、十分に担任間で話し合う機会がとれずに十分な支援や配慮を考えられなかったと感じることが多かった。また一方の担任に任せっきりになることもあった。

このように交流及び共同学習を行うにあたっては、多くの課題がある。自身の実践を振り返っても、「うまくいった」と感じることよりも「うまくいかなかった」と感じたことがほとんどである。児童本人も周囲の児童も満足のいく授業、交流学級担任も特別支援学級担任も満足のいく連携のためには、どのような工夫が必要であろうか。

そこには、短期的なねらいの達成のみを目指すのではなく、目の前の子どもたちを中長期的に集団として育てていこうとする広い視点に立った捉え方と、粘り強い働きかけ、そして、現状に満足することなく、常に見直し、練り直そうとするPDCAサイクルの上に立った、交流及び共同学習に対する強い思いを持ち続けることが必要であるように思う。

平成28年4月に施行された障害者差別解消法により、合理的配慮の提供が公立学校では法的義務となった。特別支援教育に対する理解が進み、学校で使用できるICT機器も充実してきた。しかし、いくら担任が合理的配慮の必要性を感じ、提供しようとしたとしても本人や保護者が望まなければ提供することはできない。しかも、合理的配慮が特別扱いではなく、自然とその子どもにとって必要だと認めることができる学級でないと、子どもは安心して支援を受けることができない。

今、最も大切だと思うのは、インクルーシブ教育システム構築のために必要な合理的配慮を提供するための、本人や保護者と担任間の信頼関係づくりと、その合理的配慮を自然なこととして受け止めることができる学級づくり、そしてそれらを包みこむ学校づくり、地域づくりである。

小学校における特別支援学級と交流学級との交流及び共同学習が、教科の学習のみならず、これからの社会を生きる子どもたちの資質や能力を育むのだという確かな思いをもって、日々こつこつと実践を積み重ねていくことが必要だと考える。

【文献】
・上野一彦監修:「学習指導要領改訂のポイント 通常の学級の特別支援教育」明治図書．
・海津亜希子:「個別の指導計画 作成と評価ハンドブック」学研．
・文部科学省:「交流及び共同学習ガイド」同省ホームページ．
・文部科学省:「学校における交流及び共同学習の推進について～『心のバリアフリー』の実現にむけて～」同省ホームページ．

3 確かな学びの獲得をめざした交流及び共同学習の取り組み

1　はじめに

　大阪府立佐野支援学校は知的障害のある子どもたちの特別支援学校である。小学部では、希望児童を対象に居住地校における交流及び共同学習を実施している。

　A児は1年生の時からB小学校において交流及び共同学習に取り組んできた。場の共有だけではない、確かな学びの獲得をめざした取組を振り返って、成果と課題について考える。

2　取組の経過と概要

＜1年生：2012年度＞

① 通常の学級との交流及び共同学習（2学期11月）

内　容	概　要
特別活動 ・自己紹介 ・紙ずもう ・歌	簡単な情報交換と内容の確認の他に、①自己紹介は先にB小学校の児童に見本を見せてほしいこと②その日の活動予定を初めに伝えてほしいことの2点を依頼した。当日は、初めは大勢の子どもたちにかなり戸惑っていたが、自己紹介は大きな声でしっかりできた。紙ずもうはグループの児童と対戦したあと、グループ代表で前に出ることができた。 ＜保護者の連絡帳から＞全体的にはそつなくこなしたという感じです。でもやっぱりがやがやという感じの大きな音は苦手なようで、初め教室に入ったときと最後にクラスの皆さんが歌っているときに耳をふさいでいました。歌のときは失礼すぎるので膝の上にのせて、手拍子するようにして何とかやり過ごしました。

＜2年生：2013年度＞

① 特別支援学級との交流及び共同学習（2学期12月）

内　容	概　要
自立活動 ・自己紹介 ・カードゲーム ・バルーン	特別支援学級が授業で取り組んでいたカードゲームと佐野支援学校の授業でよく行うバルーンの活動をした。B小学校、C支援学校（肢体）と佐野支援学校三者による協働研究の取組である。 ＜保護者の連絡帳から＞緊張しつつも頑張っている様子がよかったです。

② 通常の学級との交流及び共同学習（2学期12月）

内　容	概　要
特別活動 ・人間すごろく	A児が学校でさいころを作って双六の学習をしていることから決めた内容で、学習内容としては適切だった。一斉にゲームをしたことで周りの子どもたちの声の大きさが負担だったようである。休憩時間に「ポケモン」の話をきっかけに自然に関わる場面が見られた。下校後は特別疲れた様子もなく、「先生に見せる」と言って交流時の様子をせっせと絵に描いていたとのことであった。

＜3年生：2014年度＞

① 特別支援学級との交流及び共同学習（2学期9月）

内　容	概　要
自立活動 ・自己紹介 ・カードゲーム ・バルーン A児	前年度に引き続き、B小学校、C支援学校と佐野支援学校三者による取り組みだった。内容は前年度をベースにした。自己紹介の内容を決め、各校で事前学習をした。MTは佐野支援学校教員が担当した。 ＜保護者の連絡帳から＞カードゲームで1枚も取れず、顔が引きつりながらも我慢している様子を見て成長したなぁと思いました。

② 特別支援学級との交流及び共同学習（2学期12月）

内　容	概　要
自立活動 ・自己紹介 ・カードゲーム ・バルーン	前項の(1)9月と同じ内容で実施した。9月の授業の様子から予想される個々の児童の姿について話し合い、サブの教員が座る位置や支援の仕方まで相談して決め、授業の流れのシミュレーションを行った。特別支援学校側には、授業づくりを共に行うことでその手順を示し、集団の授業におけるメインTとサブTの役割など、授業の基本形を伝えたい思いがあった。(1)9月、(2)12月の2回分の評価をまとめたものが以下の表である。 | 評価項目	評価 9月	評価 12月	特記事項（反省・改善点等） 12月記載分
---	---	---	---
教員間の打ち合わせ	○	◎	サブの付き方、シミュレーションで、授業のイメージができた
事前学習	○	◎	ビデオレター作成・視聴 大きなカードで練習した（小学校）
お互いの児童の実態把握	○	○	より実態が明確にみえてきた
実施計画（学習内容）	○	○	ゲームに時間がかかった バルーン曲は変更してよかった
児童のかかわり	○	○	チーム戦にしたことで、前回よりかかわりがみられた
児童のねらいの達成	○	○	個別のねらいは達成できた児童はいるが、全体としては課題
教員間の役割分担・共通理解	△○	○	前回より役割分担ができたが、さらに共通理解が必要	

③　通常の学級との交流及び共同学習（2学期12月）

内　容	概　要
・自己紹介 ・給食 ・掃除 ・昼休み 「ゴロゴロドカーンゲーム」	自己紹介では緊張しながらも名前や好きなことを伝えることができた。友だちからの質問には戸惑って言葉に詰まる場面があったが、B小学校担任が質問者に「〇〇くんはどう？」と逆に聞き返して答えやすい雰囲気を作ってくれたため、その後の質問にはスムーズに答えることができた。 給食配膳後、B小学校担任の「減らす人？」の声かけは聞こえておらず、「ごはんを減らすなら、今持っていくみたいだよ」と助言すると、ごはんが多いと判断して列に並びに行くことができた。時間内に完食し、班の友だちからの声かけで机を前に戻した。掃除ではB小学校児童に誘われて台拭き係をした。「ゴロゴロドカーンゲーム」のルールは分かっており、鬼役も戸惑わずにこなした。ゲーム後、疲れてきた様子で爪をかむ姿が見られた。最後の挨拶では「楽しかったです。ありがとう」とお礼が言えた。女児から手紙をもらったり、「また来る？」と聞いてくれる児童がいたりして、うれしそうに手を振って教室を出た。 ＜保護者の連絡帳から＞前日から楽しみにしていました。1年生の時は耳をふさいでいた。2年生の時は「みんな一斉に話しかけないでー」と言っていたが、3年生になって自分から友だちに話しかけている。すごい成長です。小さい頃から周りを見て状況を判断する力は強いと言われているので、周囲の音への敏感さが緩和された今、その力を発揮できるようになっているようです。

④　通常の学級との交流及び共同学習（3学期1月）

内　容	概　要
理科 「磁石の力」	当日、初めはそわそわ緊張している様子があったが、教室へは笑顔で入った。事前に磁石キットの確認をしており、その準備は手際よく、グループでの実験にも積極的に参加した。担任の促しを受けて道具の貸し借り等、B小学校の子どもたちと様々なやり取りができた。事前に(3)のような給食交流をしていたことがお互いの垣根を低くしたようである。B小学校担任からは、B小学校児童もA児のことがある程度分かっていたので、一緒に学習することを楽しみにしながらも授業に集中できたとの意見があった。

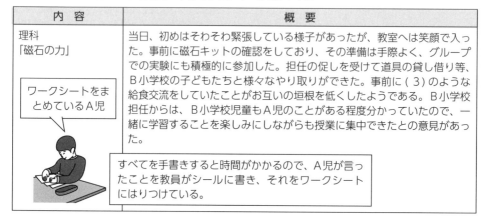

ワークシートをまとめているA児

すべてを手書きすると時間がかかるので、A児が言ったことを教員がシールに書き、それをワークシートにはりつけている。

＜4年生：2016年度＞

①　通常の学級との交流及び共同学習（1学期6月）

内　容	概　要
理科「光電池」	授業後、B小学校児童へ手紙を書いた。「いっしょに光のじっけんができて楽しかったです。ソーラーカーが完成してうれしかったです」 ＜保護者の連絡帳から＞「授業は？」ときくと「難しかった」と言っていました。でも来週支援学級に行くのも楽しみなようで「次はおはなし会だねえ」と嬉しそうに言っていました。

② 通常の学級との交流及び共同学習（2学期12月）

内　容	概　要
体育 ・ラジオ体操 ・マット運動	ラジオ体操は本校の体育の授業でも学習している。マット運動共に、付き添いの担任は見守りだけでB小学校児童と一緒に活動できた。
外国語活動	翌日学校で「雪はスノウ。それで雪だるまはスノウマン」など、学習してきたことを教員や友だちに、詳しい説明を交えて伝えていた。家でも兄と英語の勉強をしたとのことだった。
給食 掃除	＜保護者の連絡帳から＞疲れた様子でしたが、楽しかったようで機嫌はとてもよかったです。英語がとても楽しかったと言っていました。

＜5年生：2017年度＞

① 特別支援学級との交流及び共同学習（1学期7月）

内　容	概　要
おはなし会 （外部講師による読み聞かせの会）	おはなし会は3年生時から参加していて今回が3回目である。緊張している様子はなく、B小学校担任に、荷物を置く場所、座席について自分で尋ねる。その場の状況に合わせて自分で考え、自己紹介したり「お願いします」と挨拶したりできた。担任はA児に「聞く」「見る」「考える」「考えたことを発表する」を頑張ることとして伝えていた。講師さんからの質問に対し、挙手して答えることができた。 ＜保護者の連絡帳から＞達成感があったようで「うまくできた」と言っていました。久々に就学前に一緒だった友だちにも会えて楽しかったようです。

② 通常の学級との交流及び共同学習（2学期10月）

内　容	概　要
理科 「流れる水のはたらき」	指導略案に沿って事前学習をした。授業中はどこまで理解できているのかの不安があったが、事後学習する中でよく理解できていることがわかった。ねらい・内容ともに適切だった。運動場での実験後、教室へ帰る途中で忘れないように、「しん食・運ぱん・たい積」と小さい声で繰り返している姿が印象的だった。ワークシートを書くときには、グループの児童がワークシートを見せながらゆっくり音読してくれる場面もあった。

③ 通常の学級との交流及び共同学習（2学期12月）

内　容	概　要
理科 「もののとけ方」	理科室での実験で本校ではできない経験だった。メスシリンダー、スポイドの使い方などをB小学校児童に教えてもらい、みんなで肩を寄せながら実験できた。積極的で楽しそうだった。指導略案に沿って事前に内容について詳しく説明することができていた。
昼休み （運動場でバスケットボール） 掃除	掃除中、雑巾競争しようと誘われて競争した。 笑顔で楽しんでいた。

④　特別支援学級との交流及び共同学習（3学期2月）

内　容	概　要
自立活動 ・にんげん知恵の輪	本校から提案した活動である。事前に本校でも取り組んでおり、みんなの前で見本を見せることができた。どう言えばわかってもらえるかと一生懸命考えながら伝えていた。B小学校の児童も含めて、みんなで協力しようとする姿が見られた。

⑤　通常の学級との交流及び共同学習（3学期2月）

内　容	概　要
外国語活動	当日の英語の授業を楽しみにしていた。あいさつや案内時に使う語彙の発音練習など、自信をもってみんなに合わせて答えたり発音したりすることができた。アルファベットの筆記練習でも「留めるところ」「くっつけるところ」を意識して丁寧に書くことができた。グループで校内を移動しながら英語での案内の仕方を考える場面では、みんなで肩を寄せ合いながら相談する姿が見られた。B小学校の児童が「まっすぐ進むは何だったかな？」と言うのに対しA児が「ゴー　ストレイトだよ」と答える場面もあった。校内地図を指でなぞりながら今いる位置を確認し合うなど、自然な関わりで相談し合い考えを共有できた。当日付き添ってはいたが、A児に対しては特別な支援は必要なかった。終了後のA児の感想は「難しかったけど楽しかった」だった。

3　成果

　交流及び共同学習には、相互の触れ合いを通じて豊かな人間性を育むことを目的とする交流の側面と、教科等のねらいの達成を目的とする共同学習の側面があり、この2つの側面を分かちがたいものとして捉えて推進していく必要があるとされている。

　A児の取組を振り返ってそこで確認できたのは、積み重ねの中にある確かな学びであり、社会性の面と学習面、双方での成長だった。

　1年生の時の初めての交流及び共同学習では、母の膝に顔を伏せて耳をふさぎ、2年生の時には「みんな一度に話しかけないで」と言っていた。3年生の時には付き添う担任の促しを受けて周りの子どもたちに話しかけていたのが、5年生になるとわからないことは自分から話しかけて尋ねたり、A児自身から会話の場を作ったりしている。

　通常の学級の授業では、教科・単元を選び事前学習を適切に行うことでその教科のねらい・目標を達成することができた。授業中担任が付き添ってはいたが、A児のための特別な支援は必要のない授業もあった。

　理科の授業で肩を寄せ合って実験している姿、英語の授業でグループの子どもたちと共に考えをまとめている姿、特別支援学級で授業の準備や後片付けに

自ら参加している姿は、イベントに招待された「お客さん」ではなく、まさにその学びの場の一員であった。

交流及び共同学習でB小学校へ行くことを緊張しながらも楽しみにできる。することがわかっていてそれを楽しみに出かける。B小学校につけば、「きょうはこっちでしょ」というように、さっさと教室へ向かう。B小学校がA児にとって地域での居場所の一つになった。

教室で出会うA児に対し、「ああ、Aくん」と即座に声掛けし、席を教えてくれる。「え？ Aくん？」ではなく、A児がそこにいても疑問符が付かない、自然な関わりがそこにある。確かな学びの獲得をめざして充実した1時間1時間を積み重ねてきたからこその成果である。

A児の入学時の保護者の願いは、自分に自信をもってのびのび育ってほしい、であった。

1年生の時は隣の教室にも一人で行けない子どもだったA児。教室内で遊ぶことが多かったA児が3年生の2学期以降、友だちと遊びたい気持ちが強くなり友だちとの関わりを他クラスへと広げていく。3年生の時の担任は、友だちへの関心が強くなってきたこの時期に、給食交流を経て通常の学級の教科の授業で確かな学びを得ることができ、そのことが自信へとつながったとの記録を残している。

3年生から5年生までの3年間を近くで見てきた別の担任は、3年生の時は友だちとの関わりは広がってきたが「自分がよければそれでよし」と考えているようなところがあった。でも5年生になると周りの状況把握が的確になり、友だちのことを考えられるようにもなったと言う。

本校での学びに加えて、B小学校での多くの子どもたちとの関わりや授業の中での「できた」「わかった」の経験がA児の自信につながった。そしてその自信が、自分のことだけでなく友だちのことや周りの状況に目を向けることができる力につながったと考える。

多様な学びの場の活用の成果である。

4 今後に向けて

A児が本校に入学したのは2012年（平成24年）の4月である。

「障害者の権利に関する条約」の批准に向けて法制度の改革が進められる中、この年の7月には中央教育審議会から「共生社会の形成に向けたインクルーシブ教育システム構築のための特別支援教育の推進」の報告が出された。

当時、就学相談に来られる多くの保護者が２つのことを願っておられた。それは「地域とのつながりを断ちたくない」ということと、「特別支援学校と特別支援学級の間の学校がほしい」ということだった。中教審の報告の中に、スクールクラスターの活用と連続性のある多様な学びの場の整備についての資料を見たとき、これで保護者の思いをかなえることができると思った。

　その後、就学先決定の仕組みが変わり「障害者の権利に関する条約」が批准され、差別解消法が施行された。今回の学習指導要領改訂に際しては、柔軟な転学が可能になるよう教育課程の連続性の確保がそのポイントの一つとして挙げられていた。時代はさらにインクルーシブな教育の時代へと移っていこうとしている。

　しかし、保護者の思いはそう簡単にはかなえられていないし、学校現場でインクルーシブ教育システム構築への動きが加速している実感はない。

　本校では平成10年頃から希望児童を対象に居住地校における交流及び共同学習（当時は交流）を行ってきた。実施に当たっては、それぞれの市・町教育委員会を通して該当の小学校長宛に依頼文書を送付する。交流及び共同学習を希望する保護者は年々増えてきたが、毎年、本校からの依頼文書で取組が始まるという状況は変わっていない。

　そして、本校児童の交流及び共同学習について小学校の先生たちの多くが、特別支援学校の児童のための特別な授業と捉えているように感じる。特別支援学級の児童が通常の学級で授業を受けるのも交流及び共同学習であり、そこでも当然共同学習の側面のねらいを達成することが求められる。通常の学級での授業で本校教員がA児に対して行った支援は、特別支援学級在籍児童の交流及び共同学習においてもきっと有効である。特別支援学級で共に取り組んだ授業づくりの手順や授業の進め方のモデルは、そのまま特別支援学級のこれからの授業に活かせるはずである。

　授業がその学びの場にいるすべての児童に、確かな学びを提供できる内容になっているだろうかと振り返ってみることが、インクルーシブ教育を推進する第一歩となる。今後も、それに貢献できる取り組みを地域の先生たちと共に進めたいと思う。

　また、B小学校だけでなく他校においても、給食や掃除の時間はお互いの児童同士が関わり方を学べるいい機会だった。給食の準備や掃除の仕方については見本を見せるとよいことや、後ろからではなく前から話しかけるとよいことなどを本校教員から小学校児童に伝えることができた。それらの方法で本校児

第7章　交流及び共同学習を活用した地域支援の実際

見本を見せるために列の前に並んでくれた児童

休み時間、好きなキャラクターの話で盛り上がる

童とわかり合えた経験は、職場で同じような特性をもった同僚に出会ったときなど、きっと今後に活きてくる。

　交流及び共同学習の目的は共生社会の形成である。これからの共生社会を担う子どもたちにとって、貴重な学びの場となる交流及び共同学習となるよう確認・共有したい。1年に1度の行事にならないことを、そして、たまたま出会う熱心な先生に頼る1年単位の取り組みとならないことを願う。

　さて、A児は就学の時点で、その教育的ニーズに最も的確に応える場として特別支援学校を選んで入学してきた。そして交流及び共同学習を実施することで地域で過ごす時間を少しずつ増やしてきた。

　A児のように特別支援学校に入学した児童が、その実態に応じて少しずつ地域で過ごす時間を増やすという取組を進めていきたい。交流及び共同学習は地域で過ごす時間を増やすための手段となる。当然、その先に転学という選択肢もある。

　いずれ、特別支援学校の子ども、地域の学校の子どもという区別はなくなり、地域の子どもを地域の関係機関みんなで見守り支援することになると期待している。それが子

どもの教育的ニーズに合った場で学びながら地域での生活基盤を失わないという、保護者の思いに応えるインクルーシブ教育システムにつながると考える。

【文献】
・文部科学省:「共生社会の形成に向けたインクルーシブ教育システム構築のための特別支援教育の推進（報告）」2012年.
・文部科学省初等中等教育局特別支援教育課:「特別支援教育51」2013年.
・文部科学省初等中等教育局特別支援教育課:「特別支援教育55」2014年.
・国立特別支援教育総合研究所:「共に学び合うインクルーシブ教育システム構築に向けた児童生徒への配慮・指導事例」2014年.
・ジアース教育新社:「交流及び共同学習を進めるために」2016年.

第8章 年齢別・状態別支援の方法

1 幼児期

1 配慮の必要な幼児によく見られる特徴と課題

　幼児期の子どもの発達に周囲の大人が違和感を持ち、気付く最初が「言葉の発達の遅れ」である。ことばは生後1年前後に獲得しだし、徐々に単語から2語文へと成長するが、2歳を過ぎても全く話そうとしない、話さない様子だと発達に課題があるのではと感じるようだ。幼稚園の頃の言葉の発達は、4歳頃では、自分の名前や年齢、誕生日などが話せたり、自分の経験したことや思いを言葉にすることができるようになったりして、親しい大人や友達との会話を楽しむ。赤ちゃん言葉を使う頻度は少なくなり、現在・過去・未来を表す言葉も使い出すようになる。5歳になると、自分が通っている幼稚園、保育所等での様子や、両親のこと等もきちんと答えることができるようになる。さらに、自分の意思をきちんとした文章で伝えたり、擬態語や擬音語も上手に使いこなしたりできるようになる。幼稚園の教師はこうした情報を基に子どもの発達を描いているようである。

　また、保育所職員は2〜3歳になっても、「指示に従わない」「集団行動がとれない」「人と関わることが苦手」「落ち着きがない」「こだわりが強い」といった行動からも発達の課題を感じることが多いといわれる。また、においや音、触れるものに過敏に反応する幼児も多い。

　乳幼児期に獲得すべき発達の課題は、4つある。
① **「愛着関係の成立」**で、愛着とは特定の人物との間に形成される精神的な絆で、特定の人（多くは両親）との基本的な信頼感と安全感をもち、自分は常に守られていると感じられる関係の成立が大切で、これを「母性」の獲得という。これが未獲得の状態になると、落ち着かない、暴言を吐く等マターナル・デプリベーション（母性喪失症候群）という状態像を示す子もいるといわれている。さらに、そのまま小学校期になると、愛着障害といわれるようになる。母性の獲得ができていないというと、母親が問題と考えがちだが、そうではない。母親は家計を守る、生活を守るために、朝早くから夜遅くまで働き続け、一生懸命頑張っている母親が多い。しかし、子どもと楽しく過ごすゆとりがなく、周

囲の親からしつけもできていないといわれるのではないかとの不安から、しつけ等（父性）を一生懸命やってみたり、時にはいらだちを子どもにぶつけたりする。子どもは母親の優しさや自分は守られているという実感を得ることなく、辛い思いをして育つ。この親の優しさ、自分は守られているという実感を「母性」という。そして、母性を獲得した子にのみ、父性（しつけ等）が入ることを知っておく必要がある。

② 「共同注視の成立」で、共同注視とは、子どもと大人が見つめあう段階から、同じモノ（対象）を見るという段階に移ることをいう。例えば、「ママが指差した方を見る」ことから、「自分の欲しいものを指差す」段階へ、やがて、「からっぽになった茶碗を見せる」ことから、「ちょうだい」「どうぞ」というやりとりができる段階へ、そして、自分が持っているおもちゃをお母さんに見てほしいときに、お母さんを見ておもちゃを見る、といった能力が付いてくる。ことばの発達の基礎となる。

③ 「運動の不器用さの解消」で、運動の不器用さは、お箸が使えない、ボタン掛けに時間がかかる等、生活のしにくさにつながる。幼児期に、片足立ちでケンケンやスキップができるとか、音楽に合わせて動くことができるようになる。また、バランス機能も発達し、平均台やブランコの立ちこぎができるようになる。手指の巧緻性として、ハサミを上手に使いこなせたり、ひもを結ぶ、自分で鼻をかむ、ハンカチや衣服をたたむ、ホッチキスやスティック状ののりなど、用途に応じて使い分ける。箸を使ってこぼさずに食べる力が付いてくる。

④ 「心の理論の獲得」で、心の理論とは、他者の視点に立って、他者の心を理解することをいう。この理論は、プレマック（Premack, D.）等により提唱されたもので、他者の行動に「心」を帰属させたり、行動の背後にある「心」の働きを仮定する能力、また、同時に他者の心の状態を推測し、その行為を予測したり解釈したりする能力のことである。例えば、悪気はないのに友達が嫌がることをいつもして、自分の立場を悪くする子ども。この子は自分のしたことが相手にどう受け取られるかを想像できないからだといえる。このような子どもの抱える困難の背景に心の理論が未獲得、またはこれをうまく使えない課題があるといわれている。発達障害、なかでも自閉症スペクトラム障害の子どものコミュニケーション障害の背景にはこのような心の理論の問題があることが多い。思いやる心の育成がこの幼児期の課題といえる。

幼児期は「ことばの発達」が著しいときでもある。ことば育ちのステップは、

空腹や排泄などの不快な状態の表現として「泣く」という音声行動から始まり、やがて生後2か月頃になると、「心地よい」「気持ちよい」ときに、「くー」や「あー」等の柔らかい声を多く出す「クーイング」と呼ばれる音声行動になる。この行動の出現は音を作る器官が育ってきている証拠といわれている。そして、骨格が整い、口の奥の音を作る器官が成長して来ると、「ばぶ」等2つ以上の音を発する「喃語」という音声行動が出てくる。この頃、身体の動きも活発になり、興味のあるものを追視したり、手をのばしたり、表情も豊かになり、けらけらと快活に笑うようにもなる。そして、「指差し」行動が喃語に代わって出現する。言葉を話す一歩手前で、認知機能が発達し、言語が芽生えるきっかけとなる行動である。指差しの対象はモノだけではなく人にも向けられ、人見知りも起こる。他者の視線と自分の視線を合わせようとする共同注視も出現してくる。これは、子どもと他者が物を介して経験を共にする三項関係が成立することで、コミュニケーションを獲得するステップには欠かせない重要な行動と考えられている。そして、ある特定の音声が誰にも共通するモノと結びつくと、「一語文」という意味をもった言葉になる。例えば、犬という意味をともなった「わんわん」、ご飯という意味をともなった「まんま」などで、これは、子どもが伝えたい事柄に対して、大人がそのものの名前を「まんま、ほしいのね」や「わんわんだね」などと表現することを繰り返すことで言葉が獲得されていく。一語文が出て、数か月すると、「わんわん、いる」「まんま、ちょーだい」などの、名詞と動詞の2つの言葉を使い、助詞のない簡単な文を話す「二語文」が出現してくるようになる。言語発達が遅い子どもはこのどの段階でつまずいているのかを検討する必要がある。

　さらにこの時期、「自己認識の成長」が必要で、他者との関わりの中で自分を意識し自己概念を発達させることが必要である。

2　幼児期は保護者との連携が基本

　幼児期は、子どもへの支援だけでなく、保護者といかに連携するかが重要な課題である。子どもの発達を促すために、子育てを協働する作業とすることが最良である。それはまた、保護者支援にも通じる。保護者と連携するときの基本的な配慮事項は、どんなときでも受容的、共感的態度で、保護者の話を傾聴することが重要で、傾聴とは保護者の思いを十分に受け止め、じっくり聴く姿勢をいう。そのことが、保護者と連携する上で最も大切な相互の信頼関係の形成となり、理解や協力が得られ、協働できる力となる。保護者が、「先生は自分

の話をしっかりと誠実に聞いてくれている」と感じたときそこに信頼関係が芽生えるのである。その聴き方は、頷きながら、相槌を打ちながら聴く姿勢である。「なるほど」「そうですよね」などの言葉とともに、深く頷きながら肯定的に聞く。この姿勢が、その場の雰囲気も和らげていく。

　一方、子どもの課題について保護者に伝えるときも、具体的な事実を交えながら、子どもの行動から推察されることを、平易に話し、子どもの成長や発達について期待や希望を込めて、保護者に話すことが重要な意味を持つ。こうした経験は保護者が、保育者を我が子の未来と希望を支えてくれる最も信頼できるパートナーと感じ、どんなに課題が重くても、成長していく可能性を信じて、もう一度頑張ってみようと意識する力につながっていく。

3　行動上に課題が見られる幼児の事例

　筆者はこれまで、A市の保育所・幼稚園・通園施設に巡回指導を行ってきた。ここでは、B幼稚園に通園するC児の事例を取り上げながら、A市における幼児期の支援の有りかたを振り返り、その成果と課題について報告する。

　C児は、4歳になる男児である。B幼稚園では、指導上どのような配慮をすべきかと悩み、巡回相談に上がってきた。そこでまず、C児の実態を把握することにした。

(1) 行動観察による実態把握方法

　次の場面で実態把握方法を共通理解した。①室内での保育指導中の様子、②外遊びや運動している際の様子、③人との関わりの様子、④登園時、お帰りの際の様子、⑤給食時の様子、⑥保護者の様子、の6点である。

　結果、①では、
・作業に取り組む前に「できない」「分からない」と言うことが多く、個別支援が必要な状態である。特にはさみの持ち方が悪く、制作活動ができない。また糊の量が加減できず、手先や作品がべとべとになってしまう。
・体幹が弱いのか、椅子に座るとずり落ちたり、後ろに転がることがある。
・歌うとき「がなり声」になり、みんなが振り返って本児を見ることがあり、注目されていると思うのか余計大声になってしまう。
　②では
・外遊びは、興味が続かないのか、遊びが転々として、楽しめていない感じ。
　③では

- 絵本を見ていても集中できにくく、不用意に隣の子に話しかけ、トラブルになることが多い。
- おもちゃの貸し借りでは、自分がたくさん持っているのに、「〇くんが貸してくれない」と訴えてくる。使っているおもちゃの数を比べて知らせると納得するときもある。

　④では、特に問題と感じる行動はない。
　⑤では、
- エジソン箸を使っているが、食べ物を下にこぼしたり、うまく口に入らず、口の横からでていることが多い。
- 偏食があり、牛乳・パン・白ご飯以外は、食べたがらない。

　⑥では、
- 母親の話し方が、一方的で多弁な感じがする。
- 家庭では、「不安が強い」「いつも動き回っている」「ものに集中できず、すぐ飽きてしまう」と、家庭訪問時に母親は訴える。

(2) 担任教師と保護者による指導・支援の話し合い

　次に、担任教師と保護者に、指導・支援の実際を話し合い、具体策を話し合った。まず、子どもの実態①の様相から、指導は次の点に絞って、支援をスタートさせた。一つは、みんなと一緒に同じことをさせることに主眼を置かず、加配教員がついているので、その教員の支援を受ける体制を整え、彼のできること、好きなことをしっかりとさせ、常に「すごいね。できてるよ」「かっこいい」「もう少しで完成。がんばって」と認め、褒める言葉をかける。決して、「駄目でしょ」「先生のいうこと聞いて」「これするのよ」こういったことば掛けはしない。そうすることでC君の自己有能感が高まり「ぼくってやればできるかも？」と感じ出す。そこからのスタートにしようと共通理解した。もう一つは体幹の弱さ、指先の不器用さへ支援である。「バランス機能」を高める遊びとして、①園庭に白線を引く（5M程度）、その白線の上をずれないで真っ直ぐ歩く。ずれないで歩こうとしていたら、頑張っていたらしっかり褒める。次に、白線の上をタンデム歩行（かかととつま先を付けながら歩く方法）でまっすぐ歩く。教師が手でうまくバランスを取るモデルを示す。ゆっくりでもいい。やろうとしているときはほめ、激励する。うまくできないときは手を差しのべて援助する。これができると、バランス機能は80％出来上がったと考えられる。そして、幼稚園にある平均台を準備して、その上を歩く。でも、バランス機能が未熟な子どもは、

カニさん歩きのように横向きになって移動していく。それを左右交互に真っ直ぐ歩く（落ちる危険もあるので、常に支援者がすぐ援助できる位置に付き添ったり、手を差しのべて安心して歩ける援助を用意しておく。これができるとバランス機能は完成したと考えられる。

　一般的に幼稚園では禁止しているところが多いが、滑り台を坂の方から登り、階段を下りてくるという遊びもある。これは尖足歩行をめざす運動訓練である。いつもとは逆に、坂から上がろうとすると、足のかかとをつけて上がろうとしても上がることは不可能である。手すりを持ってつま先に力を入れかかとを浮かしたまま頑張る方法しかない。階段を下りてくるとき、足下に注意させながら下りてこさせるが、可能なら下から2段目くらいから飛び下りさせるといい。つま先でそっと下りることが可能になっているはずだ。これが可能になると、5歳児で50メートル走のタイムがこれまでより5秒は確実に速くなっていることも実証されている。幼稚園ではできないとき、保護者に近くの公園であまり子どもたちが遊んでいないとき、やってみるといいと勧めることにしている。

　そして、もう一つの具体的支援が、指先の巧緻性を高める支援である。それは、つまむという活動である。準備物はピンポン球やビーズ玉を1ダースぐらい用意する。まずはピンポン球をつまむ練習。手のひら全体でつまむのではなく親指と人差し指でつまみ上げることを教える。先生がモデルを示すといい。時には「先生と競争しよ」とやってみるのもいい。それができるとビーズ玉である。ピンポン球より小さくつまみにくい。積み木を高く積み上げるのも一つである。要するに、親指と人差し指の分化が基本テーマである。指先の不器用さはこの分化ができきれていないことにあるのかもしれない。

(3) 母親との教育相談

　⑤の実態から、母親との教育相談を実施した。母親に、今の年齢の子どもに重要なことは、しつけることよりも、「ママは君が大好き！」とことばでも態度でも伝えること。抱きしめてやること・ほめてやること。それが基本。そして、母親のこの気持ちがきちんと子どもに伝わり、お母さんってぼくがどんなときでも守ってくれているんだと心底信じないと、しつけをしても入らない。お母さんを疑惑の目で見ることばかりになる。そのために、子どもと話すときは、お母さんは目元を笑うという練習をしてみよう。子どもが一番最初に見るのはお母さんの目元。目元が怒っていたり、緊張していると子どもは不安になってしまう。このことを伝えた。

保護者支援として他にもあるが、ここからはじめようと、教師、保護者と巡回相談者の3者で合意した。

(4) 保護者を核とした支援組織の形成

巡回相談で、最も大切にしたテーマが支援組織の課題である。それを形成するために、まず幼稚園に、Ａ市内にＤ特別支援学校がある。ここにセンター的機能を活用した地域支援を依頼することであった。幼稚園の先生に、特別支援学校で実践しておられる教材や教具、子どもの関わり方や話し方、そういった具体的方法を幼稚園の先生が学び取る機会にしようと、Ｂ幼稚園側と話し合った。保護者には、センター的機能って何か。そこから何が子どものために得られるのか。Ａ市には、療育センターがあるが、そこでは何をしてくれるのか。それ以外に、どんな専門家、専門機関があるのかを説明していった。多くの子どもは、医療機関や訓練機関、放課後デイサービス等を活用して成長の助けにしている話も機会を見て話した。親が活用しようと考えたのは巡回相談を始めて半年後のことである。親に精神的負担なく、活用することを伝えていくことがとても大切だとしみじみ思う。そして親が求めだしたら、機関間が協力・連携するシステムを考えていく。留意するべきはその中心的な推進役を誰が担うのかという点と、常に保護者を核にして協議していくことである。支援を必要としている子どもは、保育所や幼稚園だけに通っているわけではない。

4　まとめ

こうした巡回相談・指導を10年以上行って、こうした取組を振り返って感じることは、次のようなことである。

① 幼児期の保護者の多くは、子どもの障害を受容しているわけではない。いつかみんなと同じように成長してくれるはずだ。そう信じている。反面不安も大きい。そんな保護者の気持ちに寄り添う教師であるべきだと確信したことである。

② できないことさせようとするより、できることをたくさんさせる支援をする方が、子どもは保育所に、幼稚園に行くことを楽しみにしている、ということが分かったことである。

③ 特別支援教育について専門的に学んできた教師は皆無といっても過言ではないかもしれない実態であること。それ故、管理職や教育委員会は計画的に全教員に対して、研修を行うこと。理論研修だけでなく、具体的な指導方法

等や教材教具の活用方法の内容が必要である。
④　保護者支援として、保護者が一人で抱えこみ、悩み、育児が辛くなるような環境でなく、地域で育てるということを目指し、ママ友の会や町内会活動に保育所・幼稚園・教育委員会等が積極的に関わっていくことが、今後重要な視点となる。

2　小学校期～愛着障害等を中心に～

1　学校の子どもたち等の実態・課題

　本校には、いろいろな事情のため鉛筆や消しゴムなど学習具を準備できない子どもや、宿題など家庭学習を家ですることができない子どもが各学年にいる。その子たちに対して、「居残り勉強をするか」と聞いては、希望する子どもたちと一緒に担任または学年の先生たちが放課後学習を行っている。学習具の準備が子ども自身では十分できない場合、その子たちに鉛筆や消しゴムなどを、担任が貸し出したり、習字セットや漢字、計算ドリルなどの学習具を教室または学年の多目的室で担任が保管し、必要なとき使用できるようにしている。

　登下校の時間帯には、生徒指導担当が中心となって輪番であいさつ運動や見守り活動を行っている。また、地域の方々も交差点などのポイントごとに登下校安全を見守るボランティア活動等で子どもたちの安全確保に協力していただいている。そのような中で8時30分以降に登校する子どもたちは多く、生徒指導体制の中で、連絡帳や電話で家庭連絡をし、全校児童の遅刻・欠席状況を確認し、遅刻して登校する子どもへの安全確認を毎日行っている。その子どもたちの多くは、朝食を摂っていないかまたはスナック菓子を朝食代わりに食べてくることが多く、登校時、うつむき加減で黙々と歩いていたり、ときには小休憩を取りながらも登校してくる。

　数年前にインクルーシブ教育システムというものがあることを知った。障害がある子どもだけでなく、いろいろな事情のために学ぶ機会が十分でない子どもたちに対しても「誰もが相互に人格と個性を尊重し支え合い、人々との多様な在り方を相互に認め合える全員参加型の社会」を目指すインクルーシブ教育システムを構築していくことで、学ぶ環境の保障をしていきたいと考えるようになった。

　本校では、学びのルールを全学年通して指導することや、過去に聴覚障害のある児童が通っていたこともあり、手話での授業始まりのあいさつや終わりのあいさつ、聞くことの約束、話すときの約束などいろいろなことを全校で取り組む体制ができていたので、インクルーシブ教育システムも全校で取り組めば、すぐにその成果が出ると思っていた。

しかし、すぐに大きな壁にぶつかってしまった。すぐにキレて暴言や他傷行為、自傷行為をしてしまう子、ルールが守れない子、指示に従えない子、集団活動の参加に強い抵抗を示す子、こうした子どもに厳しく指導するだけでは、どうもうまく対応できなかった。

　これまでに聴覚障害がある児童や発達障害傾向の児童、自閉症傾向の児童の理解と対応など特別支援教育の校内研修は続けていたが、その理解や対応だけで上手く対応できないことが徐々にわかってきた。

　2014年より、キレる子、試し行動を何度も行う子などの理解と対応について校内研修会を実施した。「愛着障害」についての研修会では、はじめに「子どもの貧困」とその影響について学んだ。当初、愛着障害が子どもの貧困とどんな関係にあるのかピンとは来なかった。

　「子どもの貧困」について学ぶ中で、「生きる力」には3つの要素「確かな学力」・「豊かな人間性」・「健康・体力」があること、3つの要素の1つ「豊かな人間性」（自らを律し、他人とともに協調し、他人を思いやる心や感動する心などの豊かな人間性）は、①これまで地域のつながりの中で、地域の人々と助け合い支え合う中で育まれてきたこと、②地域のつながりが希薄化してきた現在、家庭や学校が子どもの教育・育成のほとんどを担っていること、③学校では先生や友人との関係や道徳の授業等から、家庭では親からの愛情や教育の量によって育成されることを知った。また、子どもが親と過ごせる時間や、それによって受けられる愛情や教育の量も大きく異なってきたこと、2011年の調査によると、父子世帯の5人に1人は子どもと1日に1時間も過ごせていない状況で、ふたり親家庭の6分の1と差が出ていること等も知った。

　研修会で学んだことは、とても衝撃的だった。地域につながりが希薄になってきたことの影響を漠然とは感じていたが、家庭と学校が子どもの教育・育成のほとんどを担っていることと、その重要性が何となくわかりだし、子どもが親と過ごせる時間や、それによって受けられる愛情や教育の量も大きく異なってきたため、家庭のいろいろな事情によって、子どもと親と過ごせる時間が少ない場合は、子どもの学びに大きな影響が出てくることも知った。

　親や子どもが怠けているからではなく、いろいろな理由のために「一緒に過ごせる時間」が少なくなってしまうと「生きる力を育む機会」は少なくなってしまうことを知り、なんとも言えない理不尽さを感じてしまった。また、研修会の中で、有業母子家庭の1割は子どもに過度の体罰の経験があると答えていることも知り、学ぶ機会が少なくなるだけではないことにも強い衝撃を受け

た。

　「子どもの貧困」はお金の貧しさだけではないこと、様々な不適応行動が、貧困問題と絡んでいるため、教師と子どもの関係構築こそが解決の一歩であることも知り、関係構築の言葉が今もずっと頭の中にとどまっている。

　研修会で最も衝撃だったのが「母性と父性」の話であった。子育ての上で、母性と父性という機能はとても大切なものである。母性とは「無条件の保護＝やさしさ」、父性とは「条件付きの愛情＝厳しさ」であること、母性・父性は男性女性に関係なく、だれもが持っているもの、女性の中に父性はあるし、男性の中にも母性はあることを知った。「男性の中にも母性はある」ことの理解に大変戸惑ったが、「ありのままのその子を受け入れ、認め、そして安らぎを与える力が母性」との説明に「その子の個性を受け入れ、認める」ことや、「子どもが自分は大切にされている」という経験を積めるようにすることは自分にもできそうに思えた。ただ、「絶対的な安らぎを与える力」の部分は、今でも難しいと感じている。

　研修会の中で保護者の方が子どもと一緒に過ごせる時間が少なくなることを望まないにもかかわらず、家計を助けるために夜遅くまで働く、または朝早く働きに出かけなければいけない状況の家庭が本校では大変多いことに気がついた。子育てを怠けているわけでも、子どもの養育に無関心なわけでもなく、日々の生活に追われてしまい「子どもと一緒に過ごす時間」が知らず知らずのうちに奪われている、つまり「母性の獲得チャンス」を保障されていない家庭が多いのではと思い始めた。

　「子どもの貧困問題」から愛着障害が起こりやすくなること、それは家計を助けるために必死で働き、そのため望まないにもかかわらず子どもと一緒に過ごせる時間が少なくなる家庭でも起こってしまうこと、愛着障害を起こしている子どもがルールを守れないのは、教師の厳しい指導が足りないわけでも子どもが先生を嫌って単に指示に逆らっているわけでもないことを知った。

　研修会の中で、愛着障害は「障害」と書かれているが環境を整備すれば少しずつ改善できること、「教師と子どもの関係構築こそが解決の一歩」であることを知り、「母性を入れる」とは、具体的にどんな支援や指導なのか、「母性が入ったあとの、父性はどう入れていくのか」、子どもの変容と先生たちの変容を日々、確認しながら、具体的な取組方法やシステム化を今も探し続けている。

2 教員組織で考え、立ち上げたこと
(1) 叱るより認めよう

　通級指導を利用する高学年の児童があるとき、低学年の時によく先生に怒られたこと、怒られたけれど怒られた理由がわからなかったし、どうしたら怒られずにすんだのかわからなかったことを話してくれた。その当時の先生は、危ないことをしているので、その行動を注意していた。その児童は危ないことをやっていると思っていないので、また同じことをして注意され、そのうちに怒られていた。その当時のことを振り返って、その児童は「腹が立つ」とつぶやいていた。先生は児童がケガをしないように、その子のためにと思って注意しているのに、その子は「あぶなくないやん。何で怒るん。」と注意されたことを無視して先生の指示に従わず、また注意されることを行って、どんどんきつく注意されることがあった。危険なことをさせないための注意は必要だけれど、注意を繰り返しても行動が改善されず、「この子は反抗的な子」と思って先生が腹を立てて注意したり、「ふざけているから、もっときつく叱責しなければいけない」と考えて叱責を繰り返すと、注意されやすい子は先生に対する印象が大変悪くなり、学年が進むと不適切な行動が多く出てくる。

　説明をしているときに、関係のない話をしている子がいる場合、「これは大事な話だからおしゃべりしないで聞いてね」の注意で、「うん。わかった。」と言える子と注意されたことに怒り出す子がいる。そんな場合、注意の対象となる子へ注意するより、説明している人の方をまっすぐだまって見ている子を「○○さん、先生の方をまっすぐ見て、聞いてくれてありがとう。とてもいい聞き方ですね。」とほめる方が注意の対象となる子は注目する行動をとることが多い。これは低学年ほど起こりやすいし、いつも子どもをほめている先生、認めている先生のときほど、この間接的な行動促しの言葉かけは効果的だ。

　また、おしゃべりしていた子が先生に注目し、聞き出したら、「○○さん、大事な話を聞いてくれてありがとう。先生はうれしいです。」とうれしい気持ちを機会あるごと繰り返すと少しずつ聞く態度は良くなってくることが多い。

　説明を聞く、人の話を聞くことは、当たり前のことなので、それを値打ちのあることと一般的な先生は気づきにくいが、当たり前のことができる第1歩として考えると、「人の話を聞く」はとても大切なスキルだ。

　一般的に当たり前のことと思われることでも、それをいろいろな事情で獲得できていない子に、その当たり前が身につくことや、身についたことが認められることの経験は、大変値打ちがある。だから、当たり前のことを獲得できて

いなかった子どもがその子にも当たり前のようにでき始め、そして当たり前のことがもっともっとできるようになって、そのたびに認めてくれる経験や、一緒に喜んでくれる経験をこつこつと積み重ねられる学校体制の構築は、とっても大切である。

（２）保護者支援の必要性

　毎年、誕生日が近づくとイライラする子どもがいた。ある年、理由を聞くと「誕生日、チーズケーキ欲しいと言ったら、あんた、食べへんから、あかん。」と聞いてくれないことと、「ねえちゃんのときは、チーズケーキ、買ってたのに…。」と事情を話し始めた。今年も誕生日のケーキが買ってもらえなくなると思って怒っていた。もう少し話を聞くと去年のクリスマスのプレゼントも欲しかった物が買ってもらえず、期待した物と違う物をもらったことに不満を言ったら、すごく怒られたことを思い出し、去年の誕生日も結局、プレゼントがもらえなかったことに気がついて、ますますイライラしていた。いろいろな事情で欲しい物が買ってもらえない又は買ってあげたいけれど買えないことが起こって、その子にとって一番楽しみの日が逆に一番悲しい、腹が立つ日となっていたようだった。その子がチーズケーキを苦手にしていることは知っているから、お母さんは違うケーキを選びなさいと言うことじゃないかと話すと、そうかなという顔をしていたので、試しに「お母さん、チーズケーキの代わりに、チョコレートケーキかフルーツケーキならいい？」と聞いてみることをその子に話してみた。次の日に結果を聞くと「チョコレートケーキになった。」と、うれしそうに話していた。その子は選択肢を出して提案すると、うまくいくことを覚えて、お母さんにいろいろ提案したり、相談したりすることができるようになった。その年のクリスマスのプレゼントは、お母さんから①自分の毎月のお小遣いをためること、②ためることを続けるとお母さんから頑張ったご褒美でクリスマス用のお小遣いを渡すこと、③それらのお金を使って前からほしいと思っていたルアーのセットを自分で選んで買っても良いことを提案してくれた。いつもすぐにお小遣いを使い切る経験しかないその子に、お金を貯めて使うという経験をさせたいとのことであった。クリスマスまでにいろいろなことはあったが、なんとか計画通りにルアーセットを買うことができ、計画的に物事をすすめるといいことがあること、がまんすれば良いことがあることをその子は実感として伝わったようだった。それまでお母さんは「この子は言うこと聞かんから、フライパンで思いっきり殴らんとアカン。」と言っていたのが、子どもへの関わ

り方が大きく変わった。誕生日が近づくとイライラしていた子は、許可をもらうこと、相談すること、自分の気持ち（不安や怒り等）を言葉で伝えることができて、どんどん落ち着きだした。

　誕生日やクリスマスのプレゼントについて不機嫌な様子を見せ、ものすごく怒っていたこの児童の場合、初めの頃は、他傷行為をしたことや物を壊してしまったことについて、保護者と話し合っても「家ではおとなしいです。（この子について）困っていません。」との返事が多かった。また、「この子は物に執着しないから、すぐに壊すし、なくす。」と保護者の方は思っていたが、段ボールや木で手作りの物を作るとき、とても気に入るとそれを収納する箱を作ったり、箱を置く場所をいろいろ考え、何度も取り出しては遊んでいたことを話す機会があった。実用的で気に入れば、物をとても大切にできる子どもであること、いろいろ工夫したいとの意欲が強いこと、文字の読み書きは苦手だが、手作りルアーが欲しいとルアー関係の本を図書館で借りて、コピーした文面の漢字にルビ打ちをしながら読み始めたことを機会があるたびに保護者の方へ伝えた。その後、保護者の方はパズルの本を児童に与え、パズルが解けるたびに毎月のお小遣いとは別にお小遣いを渡す約束を児童と決め、本を継続的に読むこと、お金を貯めること、貯めたお金でルアーを買うことを体験させてくれた。ルアーを買うことができると本当に山の池に連れて行ってくれて、一緒にルアーフィッシングもさせてくれるようになった。

　その児童が「パパとキャッチボールしたら、受けられへん。」と話すことがあり、とても残念な様子を見せることがあった。顔に飛んでくるボールをとてもこわがる児童であったが、キャッチボール練習について話すと興味を示したので、ゴム製のドッジボールを使いキャッチボール練習（壁にボールを当てて、跳ね返ったボールをキャッチする）を機会があるたびに体育館や運動場で行った。初めの頃は、強く投げすぎて、跳ね返ったボールがキャッチできず、怒っていることもあったが、壁にボールをぶつける力加減が少しずつわかりだすと、連続してキャッチング・スローイングができ出した。自信が付き出したのでグローブを使ったキャッチング練習を行った。初めは軟式テニスの柔らかいボールで始め、最後はソフトボールを使ったキャッチ・スローイングができるようになった。そのうち、家でも一緒にキャッチボールをお父さんとするようになり、土日にキャッチボールや釣りをしていると話すようになった。その後、児童はスケートボードに興味を持ち始め、お父さんにスケートボート練習場へ連れて行ってもらうこともあった。お父さんと関わる機会が増えたが、気分しだいで、

キャッチボールやルアーフィッシング、スケートボードに連れて行ってくれるので、楽しみにしていたのにキャンセルされて、怒っていることも何度かあった。お母さんは、計画的にお金を貯めること、貯めたお金を自分で決めて買い物できることを誕生日やクリスマスのプレゼントのたびに体験させてくれた。気分によって約束したことも、キャンセルするお父さんと約束したことを粘り強く守らせるお母さんの対応の中で、児童は時には激しく怒ることもあったが、少しずつ「相談すること」と「約束を守る＝ルールを守る」ことができるようになり、落ち着いた生活ができるようになった。初めは学校の取り組みに不信を抱いていた保護者の方が、少しずつ児童の変容から学校の取り組みに理解を示し、協力していただけると、それまで、いつになったらこの子は落ち着けるのだろう、キレることがなくなるのだろうと思っていた児童がすーっと落ち着きだし、いろいろなことを相談できるようになった。

　キレる子どもの対応で、何か子どもが問題を起こしてしまったときだけ、保護者が学校に呼び出されるのは、子どもの行動の改善に上手くつながらないことが多い。保護者が地域の中で孤立している場合や相談相手がいない場合があり、子どものよさを知らせ、学びの保障を学校は一生懸命にしますので一緒になって頑張りましょうと、協力をお願いする方が、子どもの支援、指導は大変しやすくなる。

　子どもの変容と次の目標を伝えることで、学校に対する信頼が少しずつ深まり、協力を得られると子どもの支援・指導はとても効果的になった。

　キレる子どもの対応で、気持ちを落ち着ける方法を考えるとき、保護者の理解と協力が必要になってくる。キレる状態になって、別室でのクールダウンを行うとき、「暴れるのでみんなに迷惑を掛けるから教室外に出される」のと「いつもの自分を取り戻すために落ち着く部屋へ移動する」のでは、教室から出て別の部屋に行くという事実は同じでも、大きく異なる。

　罰で出されたと感じた子どもは、思いっきり暴れ、関わった先生を敵と感じるように何度も何度も攻撃することが多い。

　そのようなことが起こらないように気をつけていることは

① クールダウンが必要な子のよさを日頃から本人と確認しておく。また、そのよさをみんなに認めてもらう大切さを伝えておく。

② 怒りのコントロールが自分一人ではできず、自分や他人が傷つく行動を止められない場合は、担当の先生が関わることを事前に紙などに書いて確認しておく。

③ 保護者にも、その子も良さを説明し、気持ちのコントロールを身につける必要性やクールダウンの必要性を説明し、別室でのクールダウンについて了解を得ておく。
④ 保護者にその子のできるをさらに伸ばしていくこと、感情のコントロールや感情を言語化すること等を学べる機会を保障することを伝える。

数年かかることもあるが、クールダウンが自分からできるようになると子どもはキレる状態が少なくなり、家庭でのキレる状態も同じように少なくなってくる。

保護者との話し合い等、接点がなかなかとれない場合は難しい。保護者支援をどうしていくのか考えてみると、日頃から保護者の問い合わせの電話対応や登下校時に送り迎えに来るとき、忘れ物を届けに来るとき、体調を崩した児童のお迎えに来るときに保護者への対応を、こつこつと丁寧に積み重ねていくことが、関わりを深め、最後は保護者支援へとつながるように思える。保護者との接点を作り出す努力が学校として必要で、保護者対応を丁寧に行うことの大切さを教員みんなで意識しなければいけない。

（3）若手教員とベテラン教員の違い
1）話を伝えることについて

ベテランの先生、特に低学年をよく受け持った先生は、身振り手振り笑顔を交え、そして子どもの様子を見ながら、ゆっくりと短い内容で話している。

若い先生の多くは、話しことばを多用して伝えることが多く、丁寧に伝えようと、たくさんの内容を長い時間かけて話をし、「先生、わからへん。」と言われるとまた長い説明をして、時々、子どもをキレる状態にする場合があった。

説明していると怒りだす子どもについてその理由がわからなかった若手の先生には、わからないまま次の説明を行わないこと、説明が理解できたかどうか確認すること、話し言葉の説明だけでなく視覚的手がかりを使って説明することをお願いした。説明することがあるときは、説明後、「ここまでのことわかった？」と子どもたちに確認し、「わかった」の返事があれば、次の説明に進むこと、テープ図や線分図など視覚的手がかりを利用しながら説明すると話し言葉の理解が弱い子には理解の助けになるので、そのことを意識してほしいことをお願いした。若手の先生は、児童に見通しを持たせるため、黒板に授業の流れを板書することやテープ図やイラスト等の準備は時間がかかるのでなるべくしたくない様子であったが、板書したり、視覚的手がかりを用意したりすることで、授業の流れが良くなることに気がつき、手間がかかるけれど大切なポイントな

ので続けるようになった。

2)「できないことをできる」ようにして、「できる」を増やしたい

　子どもの「できる」を増やして、ほめられる機会を増やし、自信をつけさせたいと思うとき、若い先生は「できないことをできる」ようにして、「できる」を増やそうとすることが多く、それを先生が頑張って子どもにさせるほど、子どもは自信がなくなっていくか、キレる状態に追い込んでしまうことがある。「今できている」ことを基に「さらにできる」につなげていく考えは、とても大切なことであるが意外に気がつきにくい。

　その子にとって「できないこと」が「みんなには簡単なこと」である場合、大変気がつきにくいし、できないのはふざけているから、怠けているから、または、先生に対して反抗的だからと思ってしまうことが多い。

　先日、歓送迎会で転勤された音楽専科の先生が、音楽室の楽器を使いに来る子どものエピソードを話された。かっとなって人をたたいてしまう子どものことで、初めは楽器を力加減しないで使うから壊してしまうと心配していたけれど、休み時間に開放して楽器の演奏を自由にできるようにしたこと、自由に楽器を使えるようにすると子どもたちは木琴をたたくだけでなく、少しずつ演奏するようになったこと、かっとなって人をたたいてしまった子が楽器移動の手伝いに参加できなかったことを「ごめん。」と謝りに来たことをぽつりぽつりと話された。その子に「ごめん。」と一言言われて、それまでのことが全て報われた気分で、とてもうれしかったと紹介されていた。

　この先生は、子どもたちが物珍しくて楽器をたたくけれど、楽器を壊そうとはしてないことに何となく気がつき、その後、子どもたちに自由に任せたこと、そのことが音楽の先生への信頼につながったこと、演奏のアドバイスを子どもたちが受け入れるようになって、できたことを先生がほめて一緒に喜んで、それが反抗的だった子どもが素直に手伝いできなかったことに「ごめん」が言えることにつながったと思う。

　「ごめん」が言えた子には、児童会行事や全校での縦割り活動、低学年との交流会など、活躍の場を設けて、その場面でほめることを行っていたが、この子は、「大きな行事はがんばって、普段はルールをやぶってもいい」と考えている様子が見られた。日々の生活の中で責任を果たしていくことを身につけるための「ほめる、みとめる、一緒によろこぶ」は、日々の生活の中の当たり前のことを対象にして、粘り強くほめないと難しい気がした。教師側が短期決戦ですぐ結果

を求めてしまうような華やかな一発逆転をねらう取り組みに走ってしまうことがある。また、日々の生活でほめることを目標にする場合、地道にこつこつと続けていく学校の取り組みは、その取り組みが必ず成果を生み出すと信じられない場合、大変難しいのかもしれない。

反抗的だった子どもの対応には、その子を信じきれるかという教員側の問題や、信じても良い、大丈夫という場面が設定できたのかという問題があった。その子が参加する卒業式、その子なりにがんばることをその子が信用する先生には打ち明けていた。「先生は本気でおこらへん。」と言っていた意味は、「先生は本気で自分のことを信用してへん。任せてくれへん。」も含まれていた気がする。

3）安心させているようでそうでないこと

「これは簡単だからすぐにできるよ。安心してやってね。」のつもりで「これは、みんなできることだから簡単にできます。」と説明することがある。やってみると自分には難しいことで、みんなはどんどんできていって、自分は学習の進度から置いておかれると感じた子は、イライラすることがある。そんなとき、「そんなこともできないの。みんなはできているのに…」と話しかけて、子どもをキレる状態にすることがある。

ベテランの先生の多くは、全体説明で「困ったときは、となりの人や先生に相談しましょう」と話した後、この子は困るかもしれないなと思う子にそっと近づいて小声で「困ったら、サイン出してね。先生、来るから。」と伝えている。また、活動でつまずくかなと思う場面では、「どう？」と聞いていることが多い。

4）簡単に守れるルール、簡単にできる指示内容だから先生の指示に従うだろう

これは簡単に守れるルールだから、簡単な指示内容だから、先生の指示にはすぐに従えるだろうと思う先生は多い。

気持ちの整理が上手くできなくて「給食、食べない」と言っている子に、「何、言ってるの。給食時間だから、食べなさい。」と指示しては、子どもと先生の間で食べる・食べないのパワーゲームに陥ってしまうことがある。

ベテランの先生は、日頃の子どもとの関係作りを大切にしていて、この人の言うことなら、まあ聞いておこうかと思わせるようにしている。「食べなさい。」ではなく、「一緒に食べようか？」とか「別の所がいい？○○で食べるか？」と子どもにたずねて、自己選択、自己決定できるようにしている。これでも、な

かなか「うん。」と言わない場合は、「○○先生と食べるか？」と関係作りのできている先生につなげ、子どもが指示に従いやすいようにしている。

「先生の指示に従う」ことは、本来、当たり前のことだが、本校では当たり前でない場合が多い。子どもが指示に従いやすくなるにはどんな配慮やコツがいるのか知っている先生は、日頃の地道な積み重ねがあってやっと指示が通ることを知っているので、子どもとの関係作りをとても大切にしている。

　5）先生だから注意しなければいけない：「あるべき論」「ジレンマ」「権威主義」

若い先生は「先生だから注意しなければいけない」と、どんな場面でも注意をしては、時々、逆ギレした子どもとの間に収拾がつかなくなることがある。「注意してはいけないんですか？」と若い先生に聞かれることがあり、

　① 「さらっと注意する」ことは大切で必ずすること
　② 危険なこと反社会的なこと、非衛生的なことをしようとしたときは、感情を交えず黙って止めること
　③ 応援の先生を呼ぶこと
　④ 応援要請が出たら対応できる先生は全て応援に行くこと
　　を、教職員間で確認している。

暴れるなど、相手を困らせ大人が手に負えない状態にして自分の欲求を実現させることや、腹が立ったら相手をたたいても、物を壊してもいいと学んでいる児童に対して、注意することをためらう雰囲気が強くならないために、暴れたら自分の言い分が通る等、それまでの生育の中で学んだ「悪い学び」をさせないこと、同時に、怒りの感情が発生したことは受け止め、怒りの感情の正しい出し方を学ばせることを、共通理解して学校全体で取り組んでいる。

3　子ども等の変容（子どもの笑顔が増えた）

学校全体で取り組めたこと
（1）「ダメなことはダメ」と粘り強く対応することや、その対応は一部の先生だけがするのではなく学校全体ですることは、とても大切なことであるとわかり始めた。
（2）対象児童のよさやよさが自然と出せる相手や場所を、たくさんの先生で見つけ出すことも大切であるとわかり始めた。
・「ほめる」ことを積極的に行う。子どもが笑顔を見せる機会を増やす。
・活躍できる場を設定する（責任感をほめて育てる）。

①休み時間の遊びの中、②毎日の係活動の中、③低学年との交流行事、④学校行事（運動会、縦割り活動、卒業式 等）

・日常の学校生活で当たり前にできて当然のことでも、そのことをほめ続けることは大切であり、できたことを認めることも大切であることが分かり始めた。

4　そこで分かったこと

（1）ほめることの意味

① 「ほめる」ことは大切だけど、「できた」の結果だけを先生は、ほめてしまう。また、先生が子どもをほめるチャンスはやろうとした思いを認めたり、ほめたりできる場面とプロセスを認めたり、ほめたりできる場面と結果も認めたり、ほめたりできる場面など、実は何度かあることに気づきにくくて、ほめるチャンスを先生が逃がしてしまうことが多い。

② 「ほめる」より、先生の思わず「注意してしまう」がなかなか止まらない。

③ 「先生の指示に従う」ことは当たり前のことだけれど、それは当たり前でない子がいることや、それを当たり前のこととして身につくには、毎日の「ほめる」積み重ねが必要であることに、なかなか気づきにくい。日々の「ほめる」積み重ねは学年をまたいでも、先生とのよい関係へと実が結ぶ。しかし、すぐにはその成果が実感できにくいので、自信を持って「ほめる」ことに取り組むことが難しい。

④ 「人の話を聞く」を当たり前のこととして身につけるためには、ほめることが不可欠。ほめられたことを素直に喜べるよう低学年から全校で取り組むことが効果的。「自分の気持ちを言葉で伝える」を当たり前のこととして身につけるには、「（気持ちやおもい、個性等）認めてもらえる」経験を積み重ね、「喜んでくれる」「ほめてくれる」経験も積んで、「話を安心してできる」関係を育てていくことが大切。

（2）教員の思いとズレ（自分スイッチを育てる）

「大人はずるい」「先生は本気で怒らないから…」となかなか信用しない子は、「どんなことをしたら先生は本気で怒るのか」と何度も何度も試し行動をする。きつく怒られたら「これはアカン。やめておこう。」とわかって、叱られた行動はしなくなるが、どこまですると叱るのかわからない先生には、叱られるまで、また試し行動を繰り返す。してはいけないことを自分でスイッチを入れて「こ

れは、やめておこう」にはなかなかならず、たくさんの先生から叱られ続けるだけで「自分スイッチ」がなかなか育たない。

　思いっきり殴られることがスイッチとなっている子に「自分スイッチ」を育てていくには、やっぱり、日々、「ほめる、認める、一緒に喜ぶ」の経験を積み重ねていくことが、回り道でも、確実な指導と思える。時々の大きな学校行事だけ、ぽつんぽつんと活躍の場をつくったり、ほめる場をつくっても「自分スイッチ」を育てていくのは難しい。対象の子どもがその場その場だけ、ひとまず頑張れば日々の生活は手を抜いてもよい、好きなことを気ままにやっても、先生は大きな学校行事のときになると活躍できる場をつくってくれると学んでしまうことがある。だから、「何をしたらほめられる」のか、子どもにも理解し予測できるように一貫してほめることはとても大切であり、ほめられる内容（責任感、自分を律する等）と、中学生になるまでに身につけるべき社会スキルを把握し、それを学べるようにしなければいけないと考えている（小学校でよしとする基準と中学校でよしとする基準に大きなギャップが出てしまうと進学した子どもたちと受け入れた中学校の先生の両者を混乱させてしまう原因となる）。

　「母性をいれる」から「父性をいれる」の流れは、低学年から「ほめる、認める、一緒に喜ぶ」を学校全体で取り組み「母性をいれる」段階をクリアし、中学年からは「責任感」「自分を律する」等を意識してほめることで「父性をいれる」段階をクリアしていくことに重点を入れていく。どちらも一貫して「大切にされている」経験を積み重ねていくことをねらいとして、全校体制で行っている人権教育や道徳教育と連携しながら取り組むことが必要でありより効果的と思われる。

1）「大切にする」は先生が率先してモデルになる、先生がお手本を示す
「大切にされている」の思いを育てるには、
① 先生（大人）は自分の気持ちや思いを大切にしてくれる
② 先生（大人）は自分の判断や考えを大切にしてくれる
③ 先生（大人）は困ったときに手助けしてくれる

の経験を、一部の人からだけでなくどの人からも学べることで育まれる。

2）叱責することも大切だけれど、やっぱりほめることが１番大切
気が抜けた行動を続けてケガをしてしまうことがないように、「叱責する」方

法を使うときもあるけれど、「叱責する」よりも「ほめる」経験を増やすことが大切な目標である。特に「大人の気分や理解しがたい理由で罰せられた」経験が多い子には、「何をしたらほめられる」のか、理解し予測できるようにすることが大切であり、「大切にされている」経験を、一貫して積み重ねていける学校体制を構築することが、本校ではとても大切な課題である。

インクルーシブ教育システムの構築を進めると考えるより、障害のある子・ない子のくくりだけでなく、障害以外のいろいろな事情があって学ぶ機会がなかった子にも「精神的及び身体的な能力等を可能な最大限まで発達させ、自由な社会に効果的に参加することを可能とするとの目的の下、全ての者が共に学び、排除されないこと、自己の生活する地域において初等中等教育の機会が与えられること」が実現できるようなシステムの構築を本校ではめざしたい。

5　通常の学校でリーダーが留意すること

① 管理職への「報告・連絡・相談」を徹底すること
　児童の実態や家庭環境等、自分が知り得た情報とその情報を元に考えたことを管理職に必ず「報告・連絡・相談」し、適切な対応を心掛けること（個人で対応しないこと、対応の判断基準を磨くこと）。

② 子どもの変容（笑顔、悲しそうな表情等）をたくさんの先生方でアンテナを張り確認していくこと（先生の変容も確認すること）

③ 「ほめること」、「みとめること」、「一緒によろこぶこと」
　（子どもに対しても、先生同士でも）

④ 人的環境（先生からの言葉かけ等）も含め環境を整えると、子どもたちは本来の能力を伸ばせると信じること（ピグマリオン効果を信じること）
　※ピグマリオン効果：教師が子どもによい成長を期待して接すると、子どもはその期待に添おうとよい成長を見せること

⑤ 愚痴が言える校内環境であること（愚痴が言えると、先生は子どもの愚痴も素直に聞ける）

⑥ できているところを確認し、それを継続していくこと（継続して取り組めることが大切）

⑦ 先生が良いお手本を示すこと（多様な個性を認める学級経営をめざすこと）

【文献】
・後上鐵夫:「キレる子どもの理解と対応」 平成 27 年度校内研修会資料.
・後上鐵夫:「母性と父性」平成 28 年度校内研修会資料.
・後上鐵夫:『子どもの貧困と愛着障害』 平成 29 年度校内研修会資料.

3 中学校期

1 発達障害等のある生徒の思春期によくみられる特徴と課題

　児童期から青年期への移行期として位置づけられる思春期は、おおよそ10歳から16歳の期間といわれる。中学校の3年間とは、まさに多感な思春期のさなかであり、さまざまな変化・混乱・反抗・葛藤を経て自己同一性の確立に向かう成熟プロセスは、どの生徒でも同じであろう。

　中学校に入学すると、違う小学校卒業生との出会い・教科担任制による授業・上級生との付き合い方等の環境の変化、第二次性徴による著しい身体発育と性的成熟、交友関係の多様化・複雑化など、さまざまな質的変化があり、生徒個々にそれぞれの変化に対する適応が求められる。その過程にある試行錯誤の適応プロセスを経て、青年期における自己同一性の確立へと向かう。しかし、発達障害等のある生徒にとっては、それまで適応してきたはずの環境が、中学校入学を境に量・質ともに著しく変化することによる混乱から、不適応状態になることがある。不適応の結果は、場合によっては、行動面のトラブル頻発等の二次障害に至ることもある。

　思春期になって高まる、もしくは顕在化する障害のある生徒の生活上または学習上の困難さについて、生活環境や学習環境の整理や、適応に向けた支援・配慮を検討することはもちろん大切だが、もっとも根底にある課題とは、思春期の発達課題である"自己理解"であると考えている。

　以下の事例は、著者が以前に所属していたX特別支援学校が、センター的機能として実施している教育相談[1]の一貫として中学生への指導支援に参加した実践事例である。中学1年生の自己理解とソーシャルスキルの向上を図って、関係者で協働して自立活動の指導を継続実施した。この事例を参考に、中学校期・思春期における障害のある生徒への指導支援の特徴と課題を、明らかにしたい。

注1　大阪府教育庁「支援教育地域支援整備事業」の取組として実施した。

2 自己理解とソーシャルスキルを課題とした指導支援の事例

（1）指導支援前の状況

　私立Y中学校より1年男子生徒A（以下Aさん）への支援について相談依頼

があった。Aさんは、入学時より学校や同級生への不信感を理由として、同級生・教員に対する暴言や授業妨害、授業への参加拒否等があり、個別の生徒指導を何度も受けていたが、改善がみられなかった。

　Aさんは、私立Y中学校入学前のZ市小学校在籍時、すでに医師より発達障害の診断を受けていた。私立Y中学校は、診断名及び配慮事項は引き継いでいるものの、特別支援教育を実施・推進するスタッフも不足している状況で、医師や心理カウンセラーの指示や所見、本人や保護者の要望等を総合的に判断して、どのような教育的対応をすべきか苦慮している状況にあった。

　上述のような相談依頼を受け、X特別支援学校が訪問相談や本人との面談を複数回実施した結果、学校での逸脱行動の背景に、自己理解やコミュニケーションのあり方、人間関係の形成等に課題があることがわかった。しかし、教育的課題はおおよそ明らかになったものの、私立Y中学校には特別支援学級が設置されておらず、教職員の専門性や物理的環境の状況を総合すると、特別支援教育として実施できる指導支援には、公立の中学校以上に制約があった。

(2) 第Ⅰ期 指導支援の実際（中1年次）

　上述のようなAさんの実態や状況を踏まえ、Aさんに対して、特別支援学校として提案できる指導支援や助言を図1のように整理した。これらについて私立Y中学校との共通理解を図った上で、およそ3か月間、継続的な直接支援を行った。Aさん本人への支援については、まず支援者との信頼関係の構築からスタートし、状況の客観的理解や原因と結果の因果関係理解に関するワークを中心に実施した。また同時に私立Y中学校に対しては、保護者との共通理解や、

```
①本人へ
・支援者として理解してもらうための対話。
・状況や結果と原因を客観視するための作業。
・将来を共に描くキャリア支援。
・善悪でなく損得やルールで行動を一時修正。
・感情コントロールに向けたアプローチ。
※週1回程度の教育相談

②担任・学校へ
・生徒理解と対応の方針を説明、共通理解。
・発達検査情報や前籍校からの情報の整理への協力。→市教委との連携強化。
・配慮や支援に関する具体的提案。

③保護者へ
・学期末の3者面談で、教育相談の内容説明と今後の見通しを共通理解。
・支援に関する条件と共に、家庭との連携を確認。
```

図1　中1年次のAさん支援の概要

前籍のZ市小学校との連携等を再構築するための支援や助言を行った。

　なお、保護者との共通理解については、図2のような学校と保護者の共通理解ツールの使用を提案した。Aさん・Aさんの保護者・各授業の担当者らの協働で、朝の調子の自己評価、各授業の内容とその時のAさんの様子、学校生活の自己評価、家庭での様子を記入する欄が設けてあり、記入を通して、関係者が共通理解を図れるようになっている。Aさん本人にとっては、過去の行動を振り返り、その原因と結果を整理するツールでもあった。また、この共通理解ツールを継続使用することで、支援者間にある認識の違いを整理し、共通理解を形成できた。

　これらの指導支援の結果、中1年次の学年末には、逸脱行動の程度や回数は軽減し、授業の半分以上を参加拒否していた以前の実態から、ほぼすべての授業に参加できるまでに改善した。3か月の支援体制の中で、Aさんと教員との信頼関係が安定してきたこと、Aさん自身が原因と結果の関係性で自分を客観視し、行動を整理できるようになってきたこと、保護者を含む支援者が共通理解をもって対応できたこと等が、この改善の要因であったと考えている。

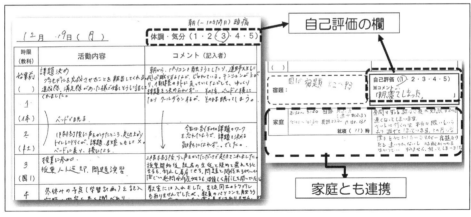

図2　Aさん・保護者・学校の共通理解ツール

（3）第Ⅱ期 指導支援の実際（中2年次）

　中2年次に入り、中1年次より安定した学校生活が送れているものの、トラブルになるとその相手に原因を求める傾向が強く、私立Y中学校としては、自己理解の課題が残っている限り、逸脱行動をなくす根本的な解決にならないと考え、再び相談依頼があった。X特別支援学校としては、中1年次の支援を踏まえて、自己理解やソーシャルスキルの課題をさらに指導するためには、過去

の経緯を知る居住地Z市の小学校特別支援教育コーディネーター（以下、Co）と、Z市教育委員会の協力が必要であると判断した。

　第Ⅱ期の指導支援に向けて、私立Y中学校・Z市教育委員会・前籍のZ市立小学校・X特別支援学校の四者が協働した支援体制を形成するために、図3の「支援Coチームづくり（案）」を用いて関係者協議を進めた。協議では、「①私立学校在籍であっても、学齢簿のある教育委員会が児童生徒の実態を把握し、積極的に支援することに意義があること」「②特別支援学校のセンター的機能を活用するためには、私立学校でもCoを有効に活用し、連携・調整を図る必要があること」「③特別支援学校による支援も市町村教育委員会と協働することでより充実すること」等を共通理解し、体制の具体化を進めた。

　検討の結果、期間限定でZ市役所の一室を支援スペースとして確保し、およそ週1回1時間の頻度で、X特別支援学校スタッフ・前籍Z市小学校Co・Z市教育委員会指導主事及び本人が集まり、いわゆる"他校通級"形態による個別の指導支援が実施できる体制を整えた。なお、指導支援時間は放課後とし、現籍の私立Y中学校Coとは、実施ごとに電話やメールで学習内容や引継ぎ事項を確認した。

　実際の指導支援（写真1は、初回の様子）は、主に「1週間の振り返りと学

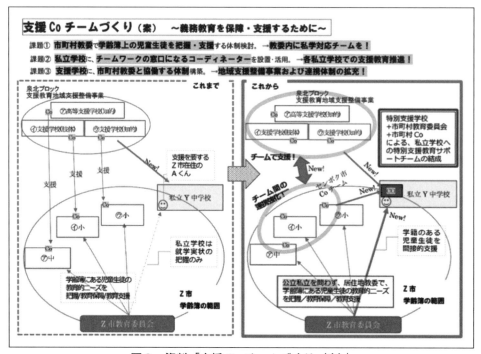

図3　資料「支援Coチームづくり（案）」

習内容の確認→ワーク→本時の振り返りと次回について」の展開で、60分間の時間設定で行った。ワークは主に、風船バドミントン（図4）・マシュマロチャレンジ・ジェンガ等に取り組む「①活動を通してルールやマナーの必要性を知る課題」と、山あり谷あり ゲ

写真1 指導支援の様子（初回時）

ーム・違ったとらえ方を考えるワーク（図5）・表現の言い換えゲーム等に取り組む「②客観的で柔軟な自己理解を深める課題」の二つを設定し、指導支援した。なお、課題の内容については、選択肢の中から自己選択できる設定にすることで、回数を重ねるごとに主体的な参加がみられるようになってきた。

（ルール）
①ダブルス戦。一人が連続して打てるのは2回まで。
②風船を素手で触れるのは、ゲーム開始・再スタート時のみ。その他はうちわを使って風船を動かすこと。
③真ん中のロープに風船が触れても良いが、ロープより下はくぐらない。
④人に対し、攻撃的な言葉は言わない。
⑤相手の陣地に風船を落とせたら1ポイント。3ポイント先取で勝利！

（ゲームのねらい）
・チームで協力することで、勝利につながる喜びを知る。
・チーム内で風船をつなぐ時に必要な、力加減やパスの方向等、相手に対する配慮を知る。
・一緒に取り組むことで、一体感やさまざまな感情を共有する。

図4 「風船バドミントン」のルールとねらい

第二部　具体的支援の実際

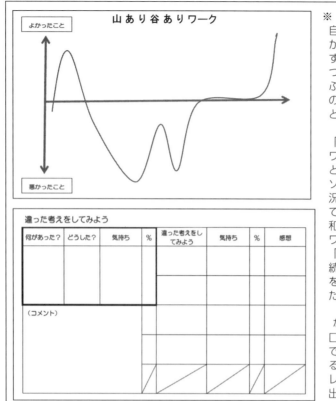

図5 「山あり谷ありワーク」と「違ったとらえ方を考えるワーク」について

このような設定でスタートした第Ⅱ期指導支援は、およそ3か月間実施し、図6のような結果となった。

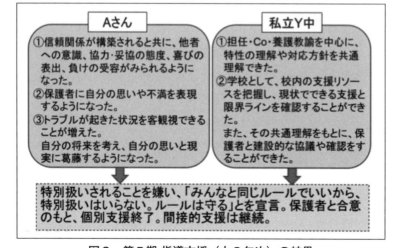

図6　第Ⅱ期 指導支援（中2年次）の結果

192

第Ⅱ期指導支援の取り組み開始時から、Ａさんは自分だけが放課後に追加でこのような課題があることに不満をもっていた。毎回の学習の中で、感情を客観視しながら自分の状況を整理していった結果、本人が「特別な指導は受けたくない。その代わりに特別に配慮されなくていいし、他の生徒と同様のルールを守る」と宣言し、他校通級形態の個別指導を終了した。

　突然の終了宣言は、指導支援チームの想定外の結果だったが、協力・妥協・負けの受容等の対人関係スキル・感情コントロールに向上がみられたこと、感情表出や状況客観視が自らできるようになってきたこと、自分のなりたい姿を考え葛藤する姿がみられたこと等を総合すると、Ａさんが行動や思考を客観視し、自ら決断した結果と考えている。なお同時期に私立Ｙ中学校では、支援・配慮ができる範囲を検討し、保護者と共に学習環境や一貫した関わり方の整理を進めており、この取組も、Ａさんの自己理解や自己決定を促したと考えている。

　その後の経過観察でも、「親しい友だちと休み時間を楽しく過ごしている」「トラブルの多かった学校行事も楽しんで参加できるようになった」と報告があり、自己理解を深める課題の学習が、学校生活にも一定の成果をもたらしたと考えている。

（4）取組の結果と考察
1）指導内容について

　中１年次の時点で、自己理解やコミュニケーションのあり方、人間関係の形成等に課題があることは明らかだったが、課題に応じた指導ができる人的資源や学校環境が整っていなかったため、継続実施が可能な指導方法・内容のあり方を何度も関係者で協議した。第Ⅰ期は、Ａさん本人が学校や社会と向き合う姿勢や、行動をコントロールするためのスキルの向上に向けて取り組んだが、Ａさんの教員に対する不信感が強く、前半は「支援者として理解してもらうための対話」に重点を置く必要があった。この対話を十分に積み重ねなければ、第Ⅱ期の指導支援の成果はなかったであろう。Ａさんに限らず、自己同一性を模索する思春期の生徒に向き合う指導支援だからこそ、この対話が重要であると考えている。

　また、支援者がチームワークを組むために取り組んだ共通理解ツールは、情報共有と共通理解を図る上で有効であり、多様な教職員がＡさんと関わる上で重要であった。上述した日々の対話も含めて記録に残し、保護者を含めた支援者が共通理解できたことは、その後の指導支援を支える環境の基礎となった。

中２年次の第Ⅱ期は、第Ⅰ期より発展させ、ルール・マナーの必要性理解と客観的な自己理解の向上に向けて指導支援した。追加された課題や特別扱いへの抵抗が、その取り組みを困難にした一方、Ａさんの試行錯誤や葛藤のプロセスが、自己理解を深める結果となった。指導支援チームとしては、指導支援プログラムが計画実施できなかった面はあるが、当初の目的である「客観的な自己理解」が深まった点で目的を達成したと考えている。この事例からもわかるように、思春期の自己理解が課題である生徒への指導支援では、計画性や継続性はもちろん大切だが、突発的な生徒の反応や抵抗をどのように評価し次につなげるか、自己理解に重点を置いた弾力的な指導支援の視点がより重要である。

2）指導体制について

本事例の私学支援システムは、試行的に実施した実践ではあるが、指導支援チームを構成し弾力的に活用した点においては、参考になる事例であろう。前籍の小学校 Co との連携やそれをバックアップする教育委員会の役割、特別支援学校を加えた組織的支援、中学校内の教員と指導支援チームの共通理解や連携等、公立中学校でも課題となっている特別支援教育体制の構築のモデルとなりえる。多様な教職員が生徒の指導支援にあたる中学校期であるからこそ、情報共有や連携・協働を最優先にした体制づくりが、より重要になる。

3　中学校期・思春期における発達障害等のある生徒の指導支援のポイント

以上の事例等を踏まえ、中学校期・思春期における発達障害等のある生徒の指導支援のポイントを３点挙げたい。

（1）小学校期までの指導支援を、スムーズに移行できるような工夫

中学校入学は、学校のルール・システム・人間関係等の生活環境が一変する転機であり、入学生は誰しも不安が大きい。そのため、障害のある生徒やその保護者ができうる限り小学校と同様の支援や配慮を望むことは当然だが、すべての実現はほぼ不可能であり、適切かつ可能な範囲での変更と調整が求められる。その適切さと合理性については、関係者で十分に話し合う必要があり、話し合った結果は学校全体で共有する必要がある。このような進学時における支援や配慮の移行に関する課題については、手続きのあり方を整理し、前籍の小学校と連携しながら、できうる限りスムーズに変更・調整を検討できる工夫や

体制が必要であろう。

(2) 自己理解やソーシャルスキル等の課題への理解とチームによる指導支援

　事例にあったように、自己理解やソーシャルスキルは思春期の重要な課題であり、そこでのつまずきをきっかけにして、発達障害等のある生徒の直面する困難さが顕在化・複雑化することがある。自己理解等の発達課題へのアプローチは、発言や行動等だけにとらわれず、その自己理解の状態を把握すること、教員が指導支援のあり方を共通理解し手立てを共有することが重要になる。これを実際の中学校で展開するためには、実態や発達課題を把握し校内体制を主導・総括できるCoの存在と、情報共有・連携して取り組もうとする教員文化の醸成が重要であろう。

(3) 情報共有と連携を可能にする組織的な指導支援チームの構築

　上述2点のポイントでも、校内チームワークが重要であると指摘したが、これがもっとも難しい。連携対象は、前籍小学校Co・教育委員会・特別支援学校だけでなく、スクールカウンセラーやスクールソーシャルワーカー等の心理職・福祉職もある。学校が外部連携を含めたチーム体制を構築するためには、「①それぞれの専門性や特長の理解、②各事例の重要度と緊急度の把握、③課題や相談の主訴明確化」といったポイントが重要になる。また、支援や配慮の手立てを共有する際には、誰もができるレベルの手立てでなければ、特別な教員のみができる手立てとして扱われ、チーム体制構築をむしろ阻害する結果になることもある。それゆえに、校内体制を主導・総括できるCoの存在が必要であり、Coを中心に定期的に検討・修正・連携ができる校内体制が重要であろう。

【文献】
・宮口幸治:「1日5分！教室で使えるコグトレ　困っている子どもを支援する認知トレーニング122」東洋館出版社　2016年.

4 高等学校期
〜高等学校における個別指導の可能性の検討〜

1 高等学校における特別支援教育の現状

　平成 28 年文部科学省は「学校教育法施行規則の一部を改正する省令等の交付について」を通知した。この通知には、平成 28 年 3 月の高等学校における特別支援教育の推進に関する調査研修協力者会議報告「高等学校における通級による指導の制度化及び充実方策について」を踏まえ、これまで小学校、中学校、義務教育学校及び中等教育学校の前期課程において実施されていた、いわゆる「通級による指導」を高等学校（以下、高校）及び中等教育学校の後期課程においても推進する目的がある。この通知を受けた大阪府では、大阪府立高校に在籍する発達障害等のある生徒の学びの場を充実させるため、平成 30 年度より通級指導教室を 2 校に設置、平成 31 年度では 2 校追加で 4 校に設置され、特別支援教育の環境が拡充されつつある。

　これまでにも大阪府立高校では、大阪府教育委員会が実施した「知的障害のある生徒の高校受入れに係る調査研究」の結果を受け、高等学校の学科内にコースを設け、生徒の教育的ニーズに応じた支援を行う「自立支援推進校・知的障害生徒自立支援コース」や、高校と特別支援学校が連携し、特別支援学校生徒が高校に通学し学習する「共生推進校・共生推進教室」を設置し、知的障害のある生徒が社会的自立を図れるよう、教育環境を整備してきた経緯がある。

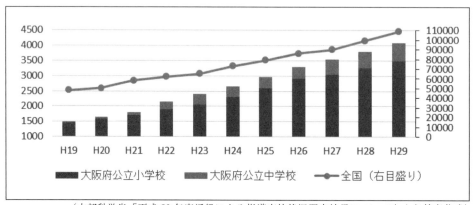

（文部科学省「平成 29 年度通級による指導実施状況調査結果について」より筆者作成）

図 1　通級により指導を受けている児童生徒数の変化（文部科学省のデータより）

しかし、文部科学省の調査結果（図1）から、全国の傾向と同じく、大阪府においても小・中学校の通級指導を受ける児童生徒数は年々増加しており、高校においても教育的ニーズに応える支援の重要性がますます高まっている。

高校における通級による指導のあり方については、文部科学省の調査研究や研究指定校の実践報告があるが、高等学校の特別支援教育のあり方を考えると通級指導教室が設置されていない高校の指導支援のあり方も検討しなければならない。以下の事例は、特別支援学校のセンター的機能[1]として、通級指導教室が設置されていないX高校と協働して、X高生徒の個別指導を検討・実施した実践事例である。通級による指導ではないが、生徒の多様な教育的ニーズに応える指導支援のあり方を考える上で、参考になる事例であると考えている。

注1　大阪府教育庁「支援教育地域支援整備事業」の取組として実施した。

2　実践事例

(1) 対象生徒の実態及び高校の校内体制・合理的配慮

基礎学力の学び直しを課題とする府立X高校在籍の1年女子であり、療育手帳B2を保持し、ディスレクシアの診断があった。中学校の時は、通級指導の利用や音読補助などで支援を受けていた。X高校では、「個別の教育支援計画の作成」「スクールソーシャルワーカー（SSW）、スクールカウンセラー（SC）の活用」「放課後補習学習」「プリント教材の改善」を検討・実施していた。また合理的配慮として、「座席位置の配慮」「拡大プリント・ルビ打ち」「ICレコーダーの使用」などの変更・調整も実施していた。しかし、ノートに板書内容を書くことで精一杯で授業中は教員の話を聞く余裕が無く、計算の苦手さや手先や体の不器用さもあって、ついていけないと感じている授業が多かった。まじめな性格で努力している姿はみられるが、学習内容の定着や学習スキルに困難さがある現状のため、授業に参加すること自体への疲労感も出始めていた。

(2) 訪問相談から支援に至るまで

1) 訪問相談

訪問相談時の授業観察では、板書の視写が苦手で時間がかかり、ノートの文字もバランスや大きさが整わない様子が見られた。どの学習課題に対しても、自分の苦手さに向き合い努力しようとする姿勢がみられるが、体育での球技や家庭科での糸通し・調理実習にも苦手さがあり、手先や体の動き全般に不器用さがある様子であった。以上のことから、眼球運動・視覚認知・体幹の機能向

上に向けたアプローチが有効であると考え、「ボディイメージトレーニング」「ビジョントレーニング」「コグトレ[2]」の指導を提案した。また、生徒への個別の指導支援については、その必要性を本人・保護者・高校で共通理解することが重要であることも提案した。

注2　学習面における認知機能の強化や身体面の不器用さにアプローチしたトレーニング

2）指導支援方法と課題設定

個別の指導支援を行うときの重要なポイントとして、「本人・保護者の意思の確認」がある。この確認があってはじめて、積極的で建設的な個別の指導支援を設定し、継続して取り組むことができる。そのため、具体的な指導支援の実施の前に、支援検討会議を丁寧に進めることが重要になる。図2に、実際に本事例で取り組んだ「支援に至るまでのプロセス」の概略をまとめる。

時期	内容	共有・確認事項	参加者
2018年10月下旬	訪問相談	何事にも一生懸命取り組んでいる。ノートの文字、書く様子から、見え方や文字認識に課題があり、体幹の弱さや、手先の不器用さもみられた。認知面の低さも含め、書字の苦手さが学習全体に影響していると感じられた。	支援学校LS
2018年11月上旬	支援検討会議	本人は頑張っている。それが報われるよう『コグトレ』『ビジョントレーニング』をおこない、認知、視覚それぞれにアプーチする。1週間に1回の支援と、家庭で毎日できるトレーニングを、本人・保護者に提案する方向性が決まった。	教育相談教員SSWSC養護教諭支援学校LS
2018年11月上旬	支援に伴う確認会議	今現在の困り感と進級、卒業後の願いを、本人・保護者に聞いた。それを受け、今つけるべき力とその方法を説明し、支援検討会議で確認したことを、本人・保護者に同意を得た。	本人保護者教育相談教員養護教諭支援学校LS
2018年11月中旬	個別指導	放課後個別トレーニング第1回目はアセスメント2回目以降、ボディイメージトレーニング、ビジョントレーニング、コグトレをおこなう。	本人支援学校LS教育相談教員養護教諭

図2　支援に至るまでのプロセス

課題設定については、11月上旬の支援に伴う確認会議において、

- 姿勢保持が難しい等、ボディイメージの弱さが疲労や集中力低下の要因。
- 眼球運動の困難さによって、見え方にアンバランスさがみられる。
- 書字困難の軽減には、視覚認知のほか、認知機能全体へのアプローチも必要。
- 何事にもまじめにコツコツ取り組む勤勉さがあるが、集中して継続することに難あり。2年からは課題の量が増えるため、処理速度と集中力の向上も課題である。

といった困難さを確認した。それを改善するために「今つけるべき力」として

・ボディイメージを改善し、体幹を整える
・継続的な取り組みとしての「ビジョントレーニング」「コグトレ」

の2点を重点課題として設定し確認した。これらのアプローチによって、ボディイメージ・認知機能を向上させ、その結果として、本人が困難さを感じている書字の苦手さの軽減を図ることをねらい、指導支援を開始した。

3）指導支援の実際

① アセスメント

　「ボディイメージトレーニング」…コグトレ棒を使ったトレーニング
　「ビジョントレーニング」…跳躍性眼球運動、追従性眼球運動、
　　　　　　　　　　　　　　両眼のチームワーク
　「コグトレ」…形さがし、スタンプ、まとめる、点つなぎ

② 個別トレーニング（月3回程度）

アセスメント結果から、アプローチする適切な課題を決定し、週1回の放課後個別指導を行った。詳細は表1の通り。

表1　個別トレーニング課題内容とねらい

	課題	内容	ねらい
ボディイメージトレーニング	あひる	両手を伸ばし上手でコグトレ棒を持ち、踵を合わせてつま先を開き直立。（10秒）	ボディイメージ 姿勢の保持 自己抑制、集中力
	はと	両手を伸ばし、逆手でコグトレ棒を持ち、つま先を合わせて踵を開き直立。（10秒）	
ビジョントレーニング	跳躍性眼球運動	2点の目標物を、左右、上下、斜めを目だけ動かして交互に見る。	眼筋の強化 視野を広げる 目標物を両目で捉える力
	追従性眼球運動	支援者が大きく円形に動かした目標物を、目だけで追視する。	
	両眼のチームワーク	1点の目標物を継続して見ながら、手を伸ばした位置から徐々に両目の間に近づける。	
コグトレ	点つなぎ	点をつないで上部の見本と同じ絵を完成させる。	視覚認知の基礎力（模写・形の把握）
	まとめる	多数ある星印を決められた数を囲んで合計数を数える。	注意・集中力 処理速度
	スタンプ	示された絵がスタンプされた形を想像して絵を選ぶ。	想像する力 関係性の理解

4) 宿題（毎日）

　トレーニングという性質上、継続した取り組みが高い効果につながると考え、生徒・保護者の同意を得て、帰宅後に家庭で取り組む宿題を設定した。学校で行っている「ボディイメージトレーニング」「ビジョントレーニング」「コグトレ」は、放課後個別トレーニングの課題の習熟度に合わせて設定し、冬休み等、長期休暇も含め、約4か月間取り組みを続けた。習熟度の確認として、家庭で行った宿題を、学校の放課後個別トレーニングで教員とともに見直しをし、次回の課題を確認した。

(3) 成果と課題
1) 生徒の取組・感想から

　11月から始まった個別トレーニングであったが、定期的な放課後のトレーニングと毎日の家庭学習の積み重ねがあり、目に見える形で効果がでてきた。バランストレーニング（写真1）については、開始2か月後には、体の揺れが少なくなり、安定して立位を保てるようになってきた。

　眼球運動については、初期は「コグトレ」の「点つなぎ」課題で何度同じプリントに取り組んでも、点のポイントを捉えることに苦慮していた。たくさんの点の中から選ぶ作業や、次のポイントを決めるため見本と手元を上下の目の動きで確認する作業は、取り組んでいるうちに疲労感が出てきて、集中が続かない様子であった。取り組み時の観察等から総合すると、眼球運動の困難さ等を背景に、物の形を狭い視野で捉える傾向が強かったため、視野を広げてたくさんのパーツをつなげる課題に強いストレスがあると考えた。そこで、課題の難易度を調整しながら、家庭学習や放課後トレーニングを積み重ねた結果、2か月ほどで、形を大きな視野で捉えることができるようになった（図3）。視覚

写真1　ボディイメージトレーニングの様子

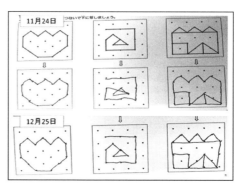

図3　点つなぎ課題の変化

的なとらえ方が改善するとともに、姿勢の保持・集中力・筆圧等も改善され、課題に取り組む時間自体も短縮してきた。また以前は、座席位置を変えると見えにくい状態であったため、目の動きを考慮して見やすい角度から黒板を見るよう教室の座席位置を固定していたが、点つなぎ課題に変化が見られたころから、どの角度からも板書の視写に負担を感じなくなってきた。

　個別トレーニング4か月目には、これまで板書の視写に終始していた授業でも、「教員の話を聞くくらい書字に余裕がでてきた」「家庭科の授業で、初めて補助器具を使わずに一人で針に糸が通すことができた」等、生徒自身がトレーニングの効果を実感できることが増えつつあった。各教科担当教員も、他の生徒と変わらないくらいに、授業で板書を視写する時間が短くなってきていると、実感していた。家庭では、一人でお菓子作りにチャレンジする等、「できるかも」「やってみたい」という気持ちが見えてきたと保護者から報告があった。また、進路に関しても、進学も含め、様々な選択肢を考えながら将来の自分像を描いている発言もあった。トレーニングを継続する努力とそれによる効果が実感できたこと、成果を共感しモチベーションを支える支援者の存在があったことが、生徒自身が自分の可能性に希望を持ち、前向きな気持ちで将来を捉えることにつながったのではないだろうか。

2) 教員等のアンケートから気づきへのポイント

　高校における個別の指導支援のあり方や、特別支援学校のセンター的機能のあり方を明らかにするために、関係教職員に対して、事後アンケートを実施し、その結果を表2にまとめた。アンケートから、今回の個別トレーニングの成果として、高校教員における生徒の困難さへの気づきと理解、具体的支援方法の理解が挙げられた。開始当初は、特別支援学校スタッフが放課後個別トレーニングに参加し、課題の習熟度を確認していたが、それぞれの課題の指導支援や評価のポイントを助言することで、高校教員主体の指導体制に移行することができた。短期間ではあったが、イニシアティブを高校教員が持つことで、個別の指導支援への主体性や指導力が向上している様子が見られた。

　学力不振や対人関係のトラブル等、表面的に見える生徒の困難さが顕在化したとき、その要因を怠慢・意欲の低さ・障害等として単純に決めるのではなく、さまざまな背景や要因が関係し、それらが複合的に合わさって生徒の課題となっていると考え、観察する姿勢が重要である。本事例でも、事前情報だけでなく実際に接して、教職員でさまざまな情報を総合し協議することを通して、課題

を設定し取り組みを進めた。教員が専門的な知識を得ることは大切だが、特別支援教育の視点を含む多角的な生徒理解とさまざまな対話の中で、個別の教育的ニーズを明らかにしようとプロセスとチームワークが、個別の指導支援を検討する上でもっとも大切であろう。また、この事例の中で、特別支援学校が参画することで、特別支援教育の支援がX高校教員の視点に加わり、生徒の個別の教育的ニーズを把握し応えようとする指導体制推進に寄与できたとすれば、特別支援学校のセンター的機能としても、意義ある取り組みであると考えている。

表2　教員・SSWへの事後アンケート結果

質　問	回　答
この放課後個別トレーニングによる、本生徒に変化や成長はありましたか？「あった」と回答された場合、どのような変化や成長であるのか、具体的にお書きください。	・姿勢が改善され、書字のスピードが上がった。 ・目の動きがスムーズになってきている。 ・生徒が意欲的に取り組むことで生き生きとしているように感じられた。
このような放課後個別トレーニング（視点・内容・進め方）は参考になりましたか？「参考になった」と回答された場合、どのような点で参考になったのか、具体的にお書きください。	・ビジョントレーニングの実際的な進め方がわかった。 ・生徒の困り感を具体的に理解し、それに対する支援方法を知ることができた。 ・勉強が苦手な生徒がどこでつまずいているのかを知る、見立ての幅が広がった。
「参考になった」と回答された方に質問します。このような放課後個別トレーニングを参考にすることが、高校の指導・支援にとってどのような効果や意義があるのか、考えや感想をお書きください。	・教員が生徒のニーズに応じて支援することで、一人でも多く進級・卒業へと導いていく手立てを得ることができた。 ・個別トレーニングの実績が増えると他の教員の意識も高まると思う。支援を要する生徒の学校選択肢が広がるのでは。 ・支援を必要とする生徒はたくさんいるが、アプローチ方法がわからなかった。今回の事例は参考になった。 ・高校における実際的支援方法として、良いモデルケースになった。
高校の指導の中で、本生徒のように「特別な教育的ニーズのある生徒を支援すること」の難しさや課題をお書きください。	・高校の教育課程の中で、支援を必要とする生徒をどのように組み込んでいくのか。 ・限られた教員数の中で行う支援。また、どこまで合理的配慮として対応できるのか。 ・個別の支援をおこなうための体制や前例がないこと。 ・専門的知識を持つ教員の確保。 ・特別な対応をすることで、他の生徒の理解をどう得るか。

3）進路を見据えた支援とは

　高校における特別支援教育の在り方の検討は、今後さらに充実が期待され、

通級指導教室設置等の法整備も整ってきている。しかし、上述したような、特別な教育的ニーズを必要とする生徒に応じた学習カリキュラムが整備されている学校以外の高校では、各校によって対応が検討されている段階にある。一方、高校での教育的ニーズに応じた適切な支援や配慮は、高校内の成績や進級だけでなく、生徒の進路選択に大きく関係してくる現実がある。

例えば、センター試験で時間延長や大学での講義等での配慮、障害者雇用での就労等については、高校での指導支援や配慮の実績が、重要な判断材料となる。適切な指導支援や配慮の提供は、成績と同様にその後に引き継がれることになるため、その内容は十分に検討され、本人・保護者とも共通理解・合意を図る必要がある。

また、学校からの指導支援や配慮と同時に重要になってくるのは、生徒・保護者の障害受容や、生徒本人の自己理解がある。自分の苦手さへの理解や障害を受容することは簡単なことではないであろうし、中には自分の困難さに気づいていない生徒もいるかもしれない。障害者差別解消法で定められた合理的配慮の提供は、本人からの要望があって提供を検討することになっているが、自己理解が不十分な生徒が訴えてくることはまれである。しかし、その後の進路や就労を支援する点で、障害の自己受容や自己理解は重要な課題であり、高校においても、中学校までの支援実績を踏まえ、積極的にアプローチすべきではなかろうか。

上述した指導事例は、本人も保護者も十分な自己理解があり、積極的に学習参加したために、大きな学習効果が得られた。高等学校期においても、適切な指導支援で障害を改善することができる。本事例にあったように、高校だけでなく他の専門職や特別支援学校と連携しながら、広く教育的ニーズのある生徒を支援するシステムを構築することが、通級による指導の実施と学習効果を下支えすることにもなろう。高等学校期の特別支援教育は、これから充実に向かう段階だが、これまでの教育実践を参考に、多様で弾力的な教育システムを構築することが重要であると考えている。

【文献】
・宮口幸治:「コグトレ　みる・きく・想像するための認知機能強化トレーニング」三輪書店　2015年．
・北出勝也:「学ぶことが大好きになるビジョントレーニング2　見る力をグングン伸ばして楽しく学習」図書文化社　2012年．

資料編

・サラマンカ宣言　概要
・共生社会の形成に向けたインクルーシブ教育システム構築の
　ための特別支援教育の推進（報告）　概要
・「国際生活機能分類―国際障害分類改訂版―」（日本語）
・障害者の権利に関する条約（略称　障害者権利条約）日本政府公定訳

サラマンカ宣言　概要

　1948年の世界人権宣言に示された、あらゆる個人の教育を受ける権利を再確認し、また、個人差に関わりなく、万人のための教育を受ける権利を保障するための、1990年の「万人のための教育に世界会議（World Conference on Education for All）」で世界の地域社会によってなされた誓約を繰り返し、障害をもつ人びとの教育が、教育組織全体の不可欠な一部であることを保障するよう加盟各国に求めた、国連による1993年の「障害をもつ人びとの機会均等化に関する基準原則（Standard Rules on the Equalization of Opportunities for Persons with Disabilities）」にその到達点が示されたいくつかの国連諸宣言を想起し、特別なニーズをもつ人びとの大多数にとって、いまだ到達していない教育へのアクセス改善を追求することへの各国政府、擁護グループ、地域社会や両親グループ、とりわけ障害をもつ人びとの団体の関与の増大を満足の念をもって留意し、また、この世界会議において数多くの政府、専門機関、政府間組織の高レベルの代表たちの積極的参加を、この関与の証拠として認識し、

1. 92カ国の政府と25の国際組織を代表し、1994年6月7日から10日にかけ、ここスペインのサラマンカに集まった「特別なニーズ教育に関する世界会議」の代表者であるわれわれは、特別な教育的ニーズをもつ児童・青年・成人に対し通常の教育システム内での教育を提供する必要性と緊急性とを認識し、さらに、各国政府や組織がその規定や勧告の精神によって導かれるであろう、「特別なニーズ教育に関する行動の枠組み」を承認し、万人のための教育へのわれわれのコミットメントを再確認する。
2. われわれは以下を信じ、かつ宣言する。
   o すべての子どもは誰であれ、教育を受ける基本的権利をもち、また、受容できる学習レベルに到達し、かつ維持する機会が与えられなければならず、
   o すべての子どもは、ユニークな特性、関心、能力および学習のニーズをもっており、
   o 教育システムはきわめて多様なこうした特性やニーズを考慮にいれて計画・立案され、教育計画が実施されなければならず、
   o 特別な教育的ニーズを持つ子どもたちは、彼らのニーズに合致できる児童中心の教育学の枠内で調整する、通常の学校にアクセスしなければならず、
   o このインクルーシブ志向をもつ通常の学校こそ、差別的態度と戦い、すべての人を喜んで受け入れる地域社会をつくり上げ、インクルーシブ社会を築き上げ、万人のための教育を達成する最も効果的な手段であり、さらにそれらは、大多数の子どもたちに効果的な教育を提供し、全教育システムの効率を高め、ついには費用対効果の高いものとする。
3. われわれはすべての政府に以下を要求し、勧告する。
   o 個人差もしくは個別の困難さがあろうと、すべての子どもたちを含めることを可能にするよう教育システムを改善することに、高度の政治的・予算的優先性を与えること。
   o 別のようにおこなうといった競合する理由がないかぎり、通常の学校内にすべての子どもたちを受け入れるという、インクルーシブ教育の原則を法的問題もしくは政治的問題として取り上げること。
   o デモンストレーション・プログラムを開発し、また、インクルーシブ教育に関して経験をもっている国々との情報交換を奨励すること、
   o 特別な教育的ニーズをもつ児童・成人に対する教育設備を計画・立案し、モニターし、評価するための地方分権化された参加型の機構を確立すること、

- o 特別な教育的ニーズに対する準備に関する計画・立案や決定過程に、障害をもつ人びとの両親、地域社会、団体の参加を奨励し、促進すること、
- o インクルーシブ教育の職業的側面におけると同じく、早期認定や教育的働きかけの方略に、より大きな努力を傾注すること
- o システムを変えるさい、就任前や就任後の研修を含め教師教育計画は、インクルーシブ校内における特別なニーズ教育の準備を取り扱うことを保障すること。

4. われわれはまた、国際社会にとりわけ以下のことを要求する。
- o 各国政府は、国際協力計画や国際的基金機関とりわけ万人のための教育に関する世界会議のスポンサーたちであるユネスコ、ユニセフ、国連開発計画ならびに世界銀行と共に、
- インクルーシブ教育のアプローチを承認し、すべての教育計画の不可欠な一部として特別なニーズ教育の開発を支援すること、
- 国連およびその専門機関はとりわけILO、WHO、ユネスコおよびユニセフは、特別なニーズ教育の拡大され統合された準備への、より効果的な支援のための協力とネットワークを強化するのと同じく、技術協力のための入力を強化すること。
- o 国の計画立案とサービス提供に関与する非政府組織は、
- 公的国家機関との提携を強化することおよび、特別な教育的ニーズに対するインクルーシブ準備の立案・実施・評価への増大しつつある関与を強めること、
- o 国連の教育のための機関であるユネスコは、
- さまざまなフォーラムにおいて、特別なニーズ教育が万人のための教育を扱うあらゆる討議の一部となるよう保障すること、
- 特別な教育ニーズに対する準備に関し、教師教育を高めることに関連する問題に、教員組織の支持を取りつけること、
- 研究とネットワークを強化し、情報や報告の地域センター－これはまた、こうした活動やこの声明の履行にあたり国家レベルで達成された特定の結果や進歩を普及させるための情報センター－として役立つ－を確立するため、学術界を刺激すること、
- 中間プラン第2段階（1990－2002年）の内に、情報普及のための新しいアプローチを示す試行プロジェクトの着手を可能にする、インクルーシブ校に対する拡大された計画および地域支援計画の創造を通しての基金の動員を図ること、ならびに、特別なニーズ教育の準備必要性に関する示標を開発すること。

5. 最後にわれわれは、この会議を組織したことに対し、スペイン政府とユネスコに心からの感謝の念を表明し、また、この声明と付随する行動のための枠組みを世界的に、とりわけ社会開発世界サミット（World Summit f or Social Development）（コペンハーゲン、1995年）および世界女性会議（北京、1995年）のような重要なフォーラムで関心を払われるようにするあらゆる努力をおこなうことを要請する。

1994年6月10日、スペイン、サラマンカ市で喝采による採決で採択された。
http://www.dove.co.jp/sumomo/siryou_folder/Salamanca.html　　参照

共生社会の形成に向けたインクルーシブ教育システム構築のための特別支援教育の推進（報告）　概要

（文部科学省ホームページより　抜粋）

はじめに
　障害者の権利に関する条約の国連における採択、政府の障害者制度改革の動き、中央教育審議会での審議、障害者基本法の改正等について記述

1．共生社会の形成に向けて
(1)　共生社会の形成に向けたインクルーシブ教育システムの構築
・「共生社会」とは、これまで必ずしも十分に社会参加できるような環境になかった障害者等が、積極的に参加・貢献していくことができる社会である。それは、誰もが相互に人格と個性を尊重し支え合い、人々の多様な在り方を相互に認め合える全員参加型の社会である。このような社会を目指すことは、我が国において最も積極的に取り組むべき重要な課題である。
・障害者の権利に関する条約第24条によれば、「インクルーシブ教育システム」（inclusive education system、署名時仮訳：包容する教育制度）とは、人間の多様性の尊重等の強化、障害者が精神的及び身体的な能力等を可能な最大限度まで発達させ、自由な社会に効果的に参加することを可能とするとの目的の下、障害のある者と障害のない者が共に学ぶ仕組みであり、障害のある者が「general education system」（署名時仮訳：教育制度一般）から排除されないこと、自己の生活する地域において初等中等教育の機会が与えられること、個人に必要な「合理的配慮」が提供される等が必要とされている。
・共生社会の形成に向けて、障害者の権利に関する条約に基づくインクルーシブ教育システムの理念が重要であり、その構築のため、特別支援教育を着実に進めていく必要があると考える。
・インクルーシブ教育システムにおいては、同じ場で共に学ぶことを追求するとともに、個別の教育的ニーズのある幼児児童生徒に対して、自立と社会参加を見据えて、その時点で教育的ニーズに最も的確に応える指導を提供できる、多様で柔軟な仕組みを整備することが重要である。小・中学校における通常の学級、通級による指導、特別支援学級、特別支援学校といった、連続性のある「多様な学びの場」を用意しておくことが必要である。
(2)　インクルーシブ教育システム構築のための特別支援教育の推進
・特別支援教育は、共生社会の形成に向けて、インクルーシブ教育システム構築のために必要不可欠なものである。そのため、以下の○1から○3までの考え方に基づき、特別支援教育を発展させていくことが必要である。このような形で特別支援教育を推進していくことは、子ども一人一人の教育的ニーズを把握し、適切な指導及び必要な支援を行うものであり、この観点から教育を進めていくことにより、障害のある子どもにも、障害があることが周囲から認識されていないものの学習上又は生活上の困難のある子どもにも、更にはすべての子どもにとっても、良い効果をもたらすことができるものと考えられる。
○1　障害のある子どもが、その能力や可能性を最大限に伸ばし、自立し社会参加することができるよう、医療、保健、福祉、労働等との連携を強化し、社会全体の様々な機能を活用して、十分な教育が受けられるよう、障害のある子どもの教育の充実を図ることが重要である。
○2　障害のある子どもが、地域社会の中で積極的に活動し、その一員として豊かに生きることができるよう、地域の同世代の子どもや人々の交流等を通して、地域での生活基盤を形成することが求

められている。このため、可能な限り共に学ぶことができるよう配慮することが重要である。
○3　特別支援教育に関連して、障害者理解を推進することにより、周囲の人々が、障害のある人や子どもと共に学び合い生きる中で、公平性を確保しつつ社会の構成員としての基礎を作っていくことが重要である。次代を担う子どもに対し、学校において、これを率先して進めていくことは、インクルーシブな社会の構築につながる。
・基本的な方向性としては、障害のある子どもと障害のない子どもが、できるだけ同じ場で共に学ぶことを目指すべきである。その場合には、それぞれの子どもが、授業内容が分かり学習活動に参加している実感・達成感を持ちながら、充実した時間を過ごしつつ、生きる力を身に付けていけるかどうか、これが最も本質的な視点であり、そのための環境整備が必要である。

(3)　共生社会の形成に向けた今後の進め方
・今後の進め方については、施策を短期（「障害者の権利に関する条約」批准まで）と中長期（同条約批准後の10年間程度）に整理した上で、段階的に実施していく必要がある。

短期：
　　就学相談・就学先決定の在り方に係る制度改革の実施、教職員の研修等の充実、当面必要な環境整備の実施。「合理的配慮」の充実のための取組。それらに必要な財源を確保して順次実施。

中長期：
　　短期の施策の進捗状況を踏まえ、追加的な環境整備や教職員の専門性向上のための方策を検討していく。最終的には、条約の理念が目指す共生社会の形成に向けてインクルーシブ教育システムを構築していくことを目指す。

2．就学相談」・就学先決定の在り方について
(1)　早期からの教育相談・支援
・子ども一人一人の教育的ニーズに応じた支援を保障するためには、乳幼児期を含め早期からの教育相談や就学相談を行うことにより、本人・保護者に十分な情報を提供するとともに、幼稚園等において、保護者を含め関係者が教育的ニーズと必要な支援について共通理解を深めることにより、保護者の障害受容につなげ、その後の円滑な支援にもつなげていくことが重要である。また、本人・保護者と市町村教育委員会、学校等が、教育的ニーズと必要な支援について合意形成を図っていくことが重要である。
・乳児期から幼児期にかけて、子どもが専門的な教育相談・支援が受けられる体制を医療、保健、福祉等との連携の下に早急に確立することが必要であり、それにより、高い教育効果が期待できる。

(2)　就学先決定の仕組み
・就学基準に該当する障害のある子どもは特別支援学校に原則就学するという従来の就学先決定の仕組みを改め、障害の状態、本人の教育的ニーズ、本人・保護者の意見、教育学、医学、心理学等専門的見地からの意見、学校や地域の状況等を踏まえた総合的な観点から就学先を決定する仕組みとすることが適当である。その際、市町村教育委員会が、本人・保護者に対し十分情報提供をしつつ、本人・保護者の意見を最大限尊重し、本人・保護者と市町村教育委員会、学校等が教育的ニーズと必要な支援について合意形成を行うことを原則とし、最終的には市町村教育委員会が決定することが適当である。
・現在、多くの市町村教育委員会に設置されている「就学指導委員会」については、早期からの教育相談・支援や就学先決定時のみならず、その後の一貫した支援についても助言を行うという観点から、「教育支援委員会」（仮称）といった名称とすることが適当である。「教育支援委員会」（仮称）

については、機能を拡充し、一貫した支援を目指す上で重要な役割を果たすことが期待される。
・就学時に決定した「学びの場」は固定したものではなく、それぞれの児童生徒の発達の程度、適応の状況等を勘案しながら柔軟に転学ができることを、すべての関係者の共通理解とすることが重要である。
・就学相談の初期の段階で、就学先決定についての手続の流れや就学先決定後も柔軟に転学できることなどについて、本人・保護者にあらかじめ説明を行うことが必要である（就学に関するガイダンス）。
・本人・保護者と市町村教育委員会、学校等の意見が一致しない場合については、例えば、本人・保護者の要望を受けた市町村教育委員会からの依頼に基づき、都道府県教育委員会が、市町村教育委員会への指導・助言の一環として、都道府県教育委員会の「教育支援委員会」（仮称）に第三者的な有識者を加えて活用することも考えられる。

(3) 一貫した支援の仕組み
・可能な限り早期から成人に至るまでの一貫した指導・支援ができるように、子どもの成長記録や指導内容等に関する情報を、その扱いに留意しつつ、必要に応じて関係機関が共有し活用することが必要である。

(4) 就学先相談、就学先決定に係る国・都道府県教育委員会の役割
・都道府県教育委員会の就学先決定に関わる相談・助言機能を強化する必要がある。
・就学相談については、それぞれの自治体の努力に任せるだけでは限界があることから、国において、何らかのモデル的な取組を示すとともに、具体例の共有化を進めることが必要である。

3．障害のある子どもが十分に教育を受けられるための合理的配慮及びその基礎となる環境整備
(1) 「合理的配慮」について
・条約の定義に照らし、本特別委員会における「合理的配慮」とは、「障害のある子どもが、他の子どもと平等に「教育を受ける権利」を享有・行使することを確保するために、学校の設置者及び学校が必要かつ適当な変更・調整を行うことであり、障害のある子どもに対し、その状況に応じて、学校教育を受ける場合に個別に必要とされるもの」であり、「学校の設置者及び学校に対して、体制面、財政面において、均衡を失した又は過度の負担を課さないもの」、と定義した。なお、障害者の権利に関する条約において、「合理的配慮」の否定は、障害を理由とする差別に含まれるとされていることに留意する必要がある。
・障害のある子どもに対する支援については、法令に基づき又は財政措置により、国は全国規模で、都道府県は各都道府県内で、市町村は各市町村内で、教育環境の整備をそれぞれ行う。これらは、「合理的配慮」の基礎となる環境整備であり、それを「基礎的環境整備」と呼ぶこととする。これらの環境整備は、その整備の状況により異なるところではあるが、これらを基に、設置者及び学校が、各学校において、障害のある子どもに対し、その状況に応じて、「合理的配慮」を提供する。
・「合理的配慮」の決定に当たっては、障害者の権利に関する条約第24条第1項にある、人間の多様性の尊重等の強化、障害者が精神的及び身体的な能力等を可能な最大限度まで発達させ、自由な社会に効果的に参加することを可能とするといった目的に合致するかどうかの観点から検討が行われることが重要である。
・「合理的配慮」は、一人一人の障害の状態や教育的ニーズ等に応じて決定されるものであり、設置者・学校と本人・保護者により、発達の段階を考慮しつつ、「合理的配慮」の観点を踏まえ、「合理的配慮」について可能な限り合意形成を図った上で決定し、提供されることが望ましく、その内容を個

別の教育支援計画に明記することが望ましい。なお、設置者・学校と本人・保護者の意見が一致しない場合には、「教育支援委員会」(仮称)の助言等により、その解決を図ることが望ましい。また、学校・家庭・地域社会における教育が十分に連携し、相互に補完しつつ、一体となって営まれることが重要であることを共通理解とすることが重要である。さらに、「合理的配慮」の決定後も、幼児児童生徒一人一人の発達の程度、適応の状況等を勘案しながら柔軟に見直しができることを共通理解とすることが重要である。
・移行時における情報の引継ぎを行い、途切れることのない支援を提供することが必要である。

(2) 「基礎的環境整備」について
・「合理的配慮」の充実を図る上で、「基礎的環境整備」の充実は欠かせない。そのため、必要な財源を確保し、国、都道府県、市町村は、インクルーシブ教育システムの構築に向けた取組として、「基礎的環境整備」の充実を図っていく必要がある。
・共生社会の形成に向けた国民の共通理解を一層進め、インクルーシブ教育システム構築のための施策の優先順位を上げていくことが必要である。

(3) 学校における「合理的配慮」の観点
・「合理的配慮」の観点について整理するとともに、障害種別の「合理的配慮」は、その代表的なものと考えられるものを例示している。示されているもの以外は提供する必要がないということではなく、一人一人の障害の状態や教育的ニーズ等に応じて決定されることが望ましい。
・現在必要とされている「合理的配慮」は何か、何を優先して提供するかなどについて、関係者間で共通理解を図る必要がある。
・複数の種類の障害を併せ有する場合には、各障害種別の「合理的配慮」を柔軟に組み合わせることが適当である。

(4) 「合理的配慮」の充実
・これまで学校においては、障害のある児童生徒等への配慮は行われてきたものの、「合理的配慮」は新しい概念であり、現在、その確保についての理解は不十分であり、学校・教育委員会、本人・保護者の双方で情報が不足していると考えられる。そのため、早急に「合理的配慮」の充実に向けた調査研究事業を行い、それに基づく国としての「合理的配慮」のデータベースを整備し、各教育委員会の参考に供することが必要である。また、中長期的には、それらを踏まえて、「合理的配慮」、「基礎的環境整備」を充実させていくことが重要であり、必要に応じて、学校における「合理的配慮」の観点や代表的なものと考えられる例を見直していくことが考えられる。
・「合理的配慮」は、その障害のある子どもが十分な教育が受けられるために提供できているかという観点から評価することが重要であり、それについても研究していくことが重要である。例えば、個別の教育支援計画、個別の指導計画について、各学校において計画に基づき実行した結果を評価して定期的に見直すなど、PDCAサイクルを確立させていくことが重要である。

4．多様な学びの場の整備と学校間連携等の推進
(1) 多様な学びの場の整備と教職員の確保
・多様な学びの場として、通常の学級、通級による指導、特別支援学級、特別支援学校それぞれの環境整備の充実を図っていくことが必要である。
・通常の学級においては、少人数学級の実現に向けた取組や複数教員による指導など指導方法の工夫改善を進めるべきである。
・特別支援教育により多様な子どものニーズに的確に応えていくためには、教員だけの対応では限界

がある。校長のリーダーシップの下、校内支援体制を確立し、学校全体で対応する必要があることは言うまでもないが、その上で、例えば、公立義務教育諸学校の学級編制及び教職員定数の標準に関する法律に定める教職員に加えて、特別支援教育支援員の充実、さらには、スクールカウンセラー、スクールソーシャルワーカー、ST（言語聴覚士）、OT（作業療法士）、PT（理学療法士）等の専門家の活用を図ることにより、障害のある子どもへの支援を充実させることが必要である。
・医療的ケアの観点からの看護師等の専門家についても、必要に応じ確保していく必要がある。
・通級による指導を行うための教職員体制の充実が必要である。
・幼稚園、高等学校における環境整備の充実のため、特別支援学校のセンター的機能の活用等により教員の研修を行うなど、各都道府県教育委員会が環境を整えていくことが重要である。

(2) 学校間連携の推進
・域内の教育資源の組合せ（スクールクラスター）により、域内のすべての子ども一人一人の教育的ニーズに応え、各地域におけるインクルーシブ教育システムを構築することが必要である。
・特別支援学校は、小・中学校等の教員への支援機能、特別支援教育に関する相談・情報提供機能、障害のある児童生徒等への指導・支援機能、関係機関等との連絡・調整機能、小・中学校等の教員に対する研修協力機能、障害のある児童生徒等への施設設備等の提供機能といったセンター的機能を有している。今後、域内の教育資源の組合せ（スクールクラスター）の中でコーディネーター機能を発揮し、通級による指導など発達障害をはじめとする障害のある児童生徒等への指導・支援機能を拡充するなど、インクルーシブ教育システムの中で重要な役割を果たすことが求められる。そのため、センター的機能の一層の充実を図るとともに、専門性の向上にも取り組む必要がある。
・域内の教育資源の組合せ（スクールクラスター）や特別支援学校のセンター的機能を効果的に発揮するため、各特別支援学校の役割分担を、地域別や機能別といった形で、明確化しておくことが望ましく、そのための特別支援学校ネットワークを構築することが必要である。

(3) 交流及び共同学習の推進
・特別支援学校と幼・小・中・高等学校等との間、また、特別支援学級と通常の学級との間でそれぞれ行われる交流及び共同学習は、特別支援学校や特別支援学級に在籍する障害のある児童生徒等にとっても、障害のない児童生徒等にとっても、共生社会の形成に向けて、経験を広め、社会性を養い、豊かな人間性を育てる上で、大きな意義を有するとともに、多様性を尊重する心を育むことができる。
・特別支援学校と幼・小・中・高等学校等との間で行われる交流及び共同学習については、双方の学校における教育課程に位置付けたり、年間指導計画を作成したりするなど交流及び共同学習の更なる計画的・組織的な推進が必要である。その際、関係する都道府県教育委員会、市町村教育委員会等との連携が重要である。また、特別支援学級と通常の学級との間で行われる交流及び共同学習についても、各学校において、ねらいを明確にし、教育課程に位置付けたり、年間指導計画を作成したりするなど計画的・組織的な推進が必要である。

(4) 関係機関等との連携
・医療、保健、福祉、労働等の関係機関等との適切な連携が重要である。このためには、関係行政機関等の相互連携の下で、広域的な地域支援のための有機的なネットワークが形成されることが有効である。

5．特別支援教育を充実させるための教職員の専門性向上等
(1) 教職員の専門性の確保

- インクルーシブ教育システム構築のため、すべての教員は、特別支援教育に関する一定の知識・技能を有していることが求められる。特に発達障害に関する一定の知識・技能は、発達障害の可能性のある児童生徒の多くが通常の学級に在籍していることから必須である。これについては、教員養成段階で身に付けることが適当であるが、現職教員については、研修の受講等により基礎的な知識・技能の向上を図る必要がある。
- すべての教員が多岐にわたる専門性を身に付けることは困難なことから、必要に応じて、外部人材の活用も行い、学校全体としての専門性を確保していくことが必要である。

(2) 各教職員の専門性、養成・研修制度等の在り方
- 学校全体としての専門性を確保していく上で、校長等の管理職のリーダーシップは欠かせない。また、各学校を支援する、教育委員会の指導主事等の役割も大きい。このことから、校長等の管理職や教育委員会の指導主事等を対象とした研修を実施していく必要がある。
- 特別支援学校教員の特別支援学校教諭免許状（当該障害種又は自立教科の免許状）取得率は約7割となっており、特別支援学校における教育の質の向上の観点から、取得率の向上による担当教員としての専門性を早急に担保することが必要である。このため、養成、採用においては、その取得について留意すべきである。特に現職教員については、免許法認定講習の受講促進等の取組を進めるとともに、その後も研修を通じた専門性の向上を図ることが必要である。
- 特別支援学級や通級による指導の担当教員は、特別支援教育の重要な担い手であり、その専門性が校内の他の教員に与える影響も極めて大きい。このため、専門的な研修の受講等により、担当教員としての専門性を早急に担保するとともに、その後も研修を通じた専門性の向上を図ることが必要である。

(3) 教職員への障害のある者の採用・人事配置
- 「共生社会」とは、これまで必ずしも十分に社会参加できるような環境になかった障害のある者等が、積極的に参加・貢献していくことができる社会であり、学校においても、障害のある者が教職員という職業を選択することができるよう環境整備を進めていくことが必要である。

http://www.mext.go.jp/b_menu/shingi/chukyo/chukyo3/044/houkoku/1321667.htm　参照

「国際生活機能分類－国際障害分類改訂版－」（日本語版）

厚生労働省ホームページ　より一部抜粋

序論
1．背景

　この本には国際生活機能分類：国際障害分類改定版（International Classification of Functioning, Disability and Health, ICF）を収めている。ICF分類の目的を一言でいうと，健康状況と健康関連状況を記述するための，統一的で標準的な言語と概念的枠組みを提供することである。ICFには健康の構成要素の定義（説明文）と，安寧（well-being）の構成要素のうちで健康に関連したもの（例えば，教育や労働）の定義とが示されている。したがって，ICFに含まれている領域（domain）には，健康領域と健康関連領域の2種類があるということができる。これらの領域は身体，個人，社会という3つの視点に立って，2つの基本的なリストに記述されている。すなわち（1）心身機能・身体構造（以下心身機能・構造と略）（body functions and structures）と（2）活動（activities）と参加（participation）とに分類して，ICFは，ある健康状態にある人に関連するさまざまに異なる領域（domains）（例：ある病気や変調をもつ人が実際にしていること，またはできること）を系統的に分類するものである。ここで生活機能（functioning）とは心身機能・構造，活動，参加の全てを含む包括用語である。同様に障害（disability）は，機能障害（構造障害を含む），活動制限，参加制約の全てを含む包括用語として用いられている。ICFは更に環境因子のリストを含んでおり，これは以上のすべての構成概念（constructs）と相互作用するものである。このようにICFは，利用者がさまざまな領域における個人の生活機能，障害および健康について記録するのに役立つものである。

　ICFは，健康の諸側面に関してWHOが開発した「国際分類ファミリー」に属している。WHO国際分類ファミリーは，健康に関する幅広い情報（例：診断，生活機能と障害，保健サービスの受診理由）をコード化するための枠組みを提供し，健康と保健に関する諸専門分野および諸科学分野にまたがる国際的な情報交換を可能とする標準的な共通言語を提供するものである。

　WHOの国際分類では，健康状態（病気〈疾病〉，変調，傷害など）は主にICD-10（国際疾病分類第10版）によって分類され，それは病因論的な枠組みに立ったものである。健康状態に関連する生活機能と障害はICFによって分類される。したがって，ICD-10とICFとは相互補完的であり，利用者にはこの2つのWHO国際分類ファミリーメンバーを一緒に利用することを奨めたい。ICD-10は，病気，変調やその他の健康状態の「診断」を提供し，それによる情報はICFによる生活機能についての付加情報によってより豊かなものとなる。診断に生活機能を付け加えることによって，人々や集団の健康に関するより広範かつ有意義な像が提供されることになり，これは意思決定のために用いることができる。

　WHO国際分類ファミリーは，国際的背景において集団の健康を記述し比較するための価値の高いツール（道具）である。死亡率に関する情報（ICD-10による）と，健康に関連して起こるさまざまな状況についての情報（ICFによる）とを統合することにより，集団の健康の総括的指標を作ることもでき，それは集団の健康状態とその分布をモニターしたり，さまざまな死因や病気がどのようにそれに影響しているのかを評価するのに役立つであろう。

　ICFは「疾病の結果（帰結）」の分類（1980年版）から「健康の構成要素」の分類へと移行してきた。「健康の構成要素」とは健康を構成するものを明らかにするものであり，一方「結果（consequences）」は病気やその他の健康状態の結果として起こりうる影響に焦点をあてるものである。このようにICFは原因となる病気については中立的な立場をとっており，調査者は適切な科学的方法を用いて

因果関係の推測を行うことができる。同様にこのアプローチは，「健康の決定因子」や「危険因子」を求めるアプローチとも異なるものである。しかしながら，決定因子や危険因子の研究を助けるために，ICF には個人が生活している背景を示す環境因子のリストが含まれている。

2．ICF の目的

ICF は多くの目的に用いられうる分類であり，さまざまな専門分野や異なった領域で役立つことを目指している。ICF の目的を個別にみると，以下のとおりである。

- 健康状況と健康関連状況，結果，決定因子を理解し，研究するための科学的基盤の提供。
- 健康状況と健康関連状況とを表現するための共通言語を確立し，それによって，障害のある人々を含む，保健医療従事者，研究者，政策立案者，一般市民などのさまざまな利用者間のコミュニケーションを改善すること。
- 各国，各種の専門保健分野，各種サービス，時期の違いを超えたデータの比較。
- 健康情報システムに用いられる体系的コード化用分類リストの提供。

上記の目的は相互に関連している。それは，ICF の必要性と使用のためには，異なる文化圏での保健政策，サービスの質の保証，効果評価などに，さまざまな消費者が利用できるような，有意義で実用的なシステムの構築が求められているからである。

2-1．ICF の適用

1980 年の試案の公刊以来，ICIDH はさまざまな用途に使用されてきた。例えば；

- 統計ツール（手段）として：データ収集・記録（例：人口統計，実態調査，管理情報システム）。
- 研究ツールとして：結果の測定，QOL や環境因子の測定。
- 臨床ツールとして：ニーズの評価，特定の健康状態と治療法との対応，職業評価，リハビリテーション上の評価，結果の評価。
- 社会政策ツールとして：社会保障計画，補償制度，政策の立案と実施。
- 教育ツールとして：カリキュラムの立案，市民啓発，ソーシャルアクション。

ICF は本来，健康分類および健康関連分類であるが，保険，社会保障，労働，教育，経済，社会政策，立法，環境整備のような他の領域でも用いられる。ICF は国連社会分類の 1 つとして認められ，また障害者の機会均等化に関する標準規則の中で取りあげられ，それを組み入れている。このように ICF は，国際的な人権に関する諸規則・方針や，各国の法令を実施するための適切な手段を提供する。

ICF は，例えば社会保障や医療の評価，地域・国・国際レベルでの住民実態調査といったさまざまな場面で，幅広く適用するのに有用である。ICF が提供する情報整理の概念的枠組みは，予防と健康増進を含む個人的な保健ケア，および社会的障壁の除去や軽減による参加促進，社会的支援の推進に応用できる。また保健システムの研究においても，評価と政策立案の両面で活用が可能である。

3．ICF の特性

分類は，何を分類するのかが明確でなければならない。つまり，分類が扱う範囲，その視野，分類の単位，分類の構成，各項目の相互関係などである。ICF の基本的な特徴について，以下に説明する。

3-1．ICF が扱う範囲

ICF は，人の健康のすべての側面と，安寧（well-being）のうち健康に関連する構成要素のいくつかを扱うものであり，それらを健康領域および健康関連領域として記述する。ICF は広い意味での健康の範囲にとどまるものであり，社会経済的要因によってもたらされるような，健康とは無関係な状況については扱わない。例えば，人種，性別（ジェンダー），宗教，その他の社会経済的特徴の

ために現環境での課題の遂行において制約を受ける場合があるが，これらはICFで分類される健康関連の参加制約ではない。

　ICFは，障害のある人だけに関するものとの誤解が広まっているが，ICFは全ての人に関する分類である。あらゆる健康状態に関連した健康状況や健康関連状況はICFによって記述することが可能である。つまり，ICFの対象範囲は普遍的である。

https://www.mhlw.go.jp/houdou/2002/08/h0805-1.html　　参照

障害者の権利に関する条約（略称　障害者権利条約）日本政府公定訳

外務省ホームページより抜粋

第二十四条　教育

1　締約国は、教育についての障害者の権利を認める。締約国は、この権利を差別なしに、かつ、機会の均等を基礎として実現するため、障害者を包容するあらゆる段階の教育制度及び生涯学習を確保する。当該教育制度及び生涯学習は、次のことを目的とする。
  (a)　人間の潜在能力並びに尊厳及び自己の価値についての意識を十分に発達させ、並びに人権、基本的自由及び人間の多様性の尊重を強化すること。
  (b)　障害者が、その人格、才能及び創造力並びに精神的及び身体的な能力をその可能な最大限度まで発達させること。
  (c)　障害者が自由な社会に効果的に参加することを可能とすること。

2　締約国は、1の権利の実現に当たり、次のことを確保する。
  (a)　障害者が障害に基づいて一般的な教育制度から排除されないこと及び障害のある児童が障害に基づいて無償のかつ義務的な初等教育から又は中等教育から排除されないこと。
  (b)　障害者が、他の者との平等を基礎として、自己の生活する地域社会において、障害者を包容し、質が高く、かつ、無償の初等教育を享受することができること及び中等教育を享受することができること。
  (c)　個人に必要とされる合理的配慮が提供されること。
  (d)　障害者が、その効果的な教育を容易にするために必要な支援を一般的な教育制度の下で受けること。
  (e)　学問的及び社会的な発達を最大にする環境において、完全な包容という目標に合致する効果的で個別化された支援措置がとられること。

3　締約国は、障害者が教育に完全かつ平等に参加し、及び地域社会の構成員として完全かつ平等に参加することを容易にするため、障害者が生活する上での技能及び社会的な発達のための技能を習得することを可能とする。このため、締約国は、次のことを含む適当な措置をとる。
  (a)　点字、代替的な文字、意思疎通の補助的及び代替的な形態、手段及び様式並びに定位及び移動のための技能の習得並びに障害者相互による支援及び助言を容易にすること。
  (b)　手話の習得及び聾社会の言語的な同一性の促進を容易にすること。
  (c)　盲人、聾者又は盲聾者（特に盲人、聾者又は盲聾者である児童）の教育が、その個人にとって最も適当な言語並びに意思疎通の形態及び手段で、かつ、学問的及び社会的な発達を最大にする環境において行われることを確保すること。

4　締約国は、1の権利の実現の確保を助長することを目的として、手話又は点字について能力を有する教員（障害のある教員を含む。）を雇用し、並びに教育に従事する専門家及び職員（教育のいずれの段階において従事するかを問わない。）に対する研修を行うための適当な措置をとる。この研修には、障害についての意識の向上を組み入れ、また、適当な意思疎通の補助的及び代替的な形態、手段及び様式の使用並びに障害者を支援するための教育技法及び教材の使用を組み入れるものとする。

5 締約国は、障害者が、差別なしに、かつ、他の者との平等を基礎として、一般的な高等教育、職業訓練、成人教育及び生涯学習を享受することができることを確保する。このため、締約国は、合理的配慮が障害者に提供されることを確保する。

https://www.mofa.go.jp/mofaj/gaiko/jinken/index_shogaisha.html　参照